Michael Talbot

Mystik und Neue Physik

Die Entwicklung des kosmischen Bewußtseins

*Aus dem Amerikanischen
von Ursula Fassbender*

Deutsche Erstausgabe

**WILHELM HEYNE VERLAG
MÜNCHEN**

HEYNE SACHBUCH
Nr. 19/49

*Für meine Mutter und meinen Vater,
Nancy Caroline und Frederick Bernard Talbot*

Titel der amerikanischen Originalausgabe
MYSTICISM AND THE NEW PHYSICS
erschienen bei Bantam Books, New York

Redaktion: Martina Reigl

Copyright © 1980 by Michael Talbot
Copyright © 1989 der deutschsprachigen Ausgabe
by Wilhelm Heyne Verlag GmbH & Co. KG, München
Printed in Germany 1989
Umschlagbild: ZEFA, Düsseldorf
Umschlaggestaltung: Atelier Adolf Bachmann, Reischach
Satz: Fotosatz Völkl, Germering
Druck und Verarbeitung: Ebner Ulm

ISBN 3-453-03403-1

INHALT

Einführung   9

1. Teil: Bewußtsein und Realität   25

Erstes Kapitel: Beobachter und Teilnehmer   26

Heisenbergs Unschärferelation 26 · Der Mythos von der Kausalität 28 · Schrödingers Katze 33 · Von Neumanns Katastrophe der unendlichen Regression 34 · Der Kopenhagener Kollaps 36 · Bewußtsein als die verborgene Variable 38 · Selbstbezogenheitskosmologien 39 · Das Teilnehmerprinzip 40 · Der Garten der sich gabelnden Wege 40 · Die Viele-Welten-Hypothese 43

Zweites Kapitel: Ein holographisches Modell des Bewußtseins   47

Hologramme 47 · Die Existenz des Bewußtseins 48 · Die wechselseitige Verbundenheit aller Teile des Gehirns 49 · Das Quantenprinzip 51 · Kausalität und Teleologie 53 · Die Felder des Lebens 54 · Der menschliche Biocomputer 56 · Kognitive multidimensionale Projektionsräume 56 · Ein holographisches Modell des Bewußtseins 58 · Die Bootstrap-Theorie 60 · Die realitätsstrukturierende Instanz 61 · Felder in Feldern in Feldern 63

2. Teil: Die Struktur von Raum und Zeit   65

Drittes Kapitel: Superraum   66

Feuerläufer 66 · Die Welt des sehr Kleinen 69 · Wellen und Teilchen 71 · Die Grenze unserer Sprache 72 · Quanten 74 · Die Krümmung des Raums 76 · Der Quantenschaum 77 · Winzige schwarze und weiße Löcher 80 · Wurmlöcher im Gewebe von Raum-Zeit 80 · Teilchen als Wellenbewegungen im Nichts 82 · Die Quantenverbundenheit im Universum 83 · Der Raum-Zeit-Code 84 · Das Superhologramm der Realität 85

Viertes Kapitel: Jenseits des Lichtkegels **87**

Jenseits von Raum-Zeit 87 · Bezugsrahmen 90 · Die aktive Zukunft und die passive Vergangenheit 92 · Tachyonen und Teilchen, die schneller sind als Licht 93 · Keine Zukunft, keine Vergangenheit, keine Zeit 96

Fünftes Kapitel: Die Form der Zeit **98**

Eine Begegnung mit dem Euphrat 98 · Die Form der Zeit 99 · Zeitsymmetrie und Schmetterlinge hinter Glas 100 · Eine unendliche Anzahl von Vergangenheiten 103 · Die Prophezeiungen des Quetzalcoatl 105 · Außerirdische Anthropologie 105 · Eine neue Betrachtung archetypischer Information 106

3. Teil: Mystik und Neue Physik 109

Sechstes Kapitel: Tantra und die Quantentheorie **110**

Superraum kontra Akasha 112 · Nada und Bindu 113 · Kraftlinien und die Haare des Shiva 114 · Winzige schwarze Löcher und ihre Prophezeiung 115 · Falten im Gewebe von Raum-Zeit 116 · Wechselseitige Verbundenheit der Quanten und allumfassendes Sein 118 · Die Welt als Bewußtsein 119

Siebtes Kapitel: Die sich gegenseitig durchdringenden Universen **121**

Das Wunder von Fátima 121 · Fliegende Untertassen und Lichtkugeln 122 · Menschen, die keine Fotografien sehen können 124 · Die Umwelt, wie wir sie wahrnehmen, ist unsere Erfindung 125 · Was ist »dort draußen«? 126 · Ein sterbender Dämon 127 · Das Ertragen der Vision 128 · Keine Welt läßt sich direkt berühren 130 · Das Nagual und das Tonal des Don Juan 131 · Die Welt ist ein Traum 133 · Ein Blick in die Unendlichkeit 135

Achtes Kapitel: Die realitätsstrukturierende Instanz . . . **137**

An den Berghängen des Himalaja 137 · Tulpas und Projektionen des Geistes 140 · Der Tanz des Chöd 141 · Die Visualisierung geistiger Formationen 142 · Die Metaprogrammierung des Biocomputers 145 · Jenseits von Gott 145 · Die Energiezentren des menschlichen Nervensystems 149 · Eine »biologische Basis der Religion« 151 · Die Abstufung der Bewußtseinsebenen 152

Neuntes Kapitel: Die neue Kosmologie **155**

Das kosmische Versteckspiel 155 · Black Elk spricht 156 · Strukturelle und funktionelle Einheiten 160 · Transaktionen mit der Realität 162 · Das Spiel des Tlön 164 · Realitätsenklaven 166 · Materie-Raum-Zeit als kosmisches Gehirn 168 · Das »kindhafte Lachen der Unendlichkeit« 170

Eine Schlußbemerkung zur Sprache **172**

Zen-Rätsel 172 · Unterscheidung ist der Sinn 173 · In Worten denken – ohne Worte denken 174 · »Das Wissen des Körpers« 176 · Jenseits aller Worte und Symbole 177

Glossar der wissenschaftlichen Begriffe **178**

Über den Autor 182
Anmerkungen 183
Literaturverzeichnis 187
Register 190

Edler, tu so, als sei dein Kopf eine leere Schale,
in der dein Verstand bis in alle Unendlichkeit seine
Possen treibt.

Altes Sprichwort aus dem Sanskrit

EINFÜHRUNG

> Laßt uns zugeben, was alle Idealisten zugeben – die illusorische Natur der Welt. Laßt uns tun, was kein Idealist getan hat – laßt uns nach Unwirklichkeiten suchen, die diese Natur bestätigen. Ich glaube, wir werden sie in den Antinomien von Kant und in der Dialektik von Zeno finden ... »Der größte Zauberer (schreibt Novalis in seinen Memoiren) ist wahrscheinlich derjenige, der sich selbst bis zu dem Maß verhext hat, daß er seine eigenen Phantasmagorien als autonome Erscheinungen akzeptiert. Wäre das kein Beweis für uns.« Ich vermute, daß dies so ist. Wir (diese unteilbare Gottheit, die in uns wirkt) haben die Welt geträumt. Wir haben sie als ewige, mysteriöse, sichtbare Existenz geträumt, die im Raum allgegenwärtig und in der Zeit stabil ist; aber wir haben zugestimmt, daß feine und ewige Intervalle von Unlogik in ihrer Architektur auftreten, von der wir wissen sollten, daß sie falsch ist.
>
> JORGE LUIS BORGES: *Other Inquisitions*

In diesem Zitat bekundet der argentinische Schriftsteller Borges eine Sichtweise, die normalerweise Mystiker und »Idealisten« haben: den Glauben an die illusorische Natur der Welt. Wir haben sie erträumt, behauptet Borges ganz einfach. In meinem Buch *A Mile to Midsummer* habe ich visionäre Phänomene, angefangen von UFO-Erscheinungen bis hin zur Erscheinung der Mutter Gottes, untersucht und war zu einem ähnlichen Schluß gekommen. Wir haben die Welt erträumt. Unsere Vorstellungen von Zeit und Raum, die gesamte Struktur des Universums sind enger mit Problemen und dem Phänomen des Bewußtseins verbunden, als wir ernsthaft vermutet haben.

In meinem Buch *Midsummer* brachte ich meine Vermutung zum Ausdruck, daß es keine strenge Unterteilung zwischen subjektiver und objektiver Realität gibt; Bewußtsein und das physische Universum sind durch irgendeinen fundamentalen physikalischen Mechanismus miteinander verbunden. Diese

Beziehung zwischen Geist und Realität ist nicht subjektiv oder objektiv, sondern »allumfassend«.

Ein allumfassendes Konzept des Universums ist keinesfalls etwas Neues. Vor über 2000 Jahren postulierte die hinduistische Tantra-Tradition eine ähnliche Philosophie. Gemäß dem Tantra ist die Realität eine Illusion oder Maya. Der große Irrtum, dem wir erliegen, indem wir diese Maya nicht wahrnehmen, so heißt es dort, besteht darin, daß wir uns selbst als getrennt von unserer Umwelt betrachten. In dieser Hinsicht sind die tantrischen Lehren sehr eindeutig: Der Beobachter und die objektive Realität sind eins.

Wenn wir träumen, ist die allumfassende Natur des Traums offensichtlich. Ich träume vielleicht, daß ich an einem Tisch sitze und mit meinen Freunden frühstücke und mich mit ihnen unterhalte, aber wenn ich wach bin, weiß ich, daß sowohl ich als auch meine Freunde Teil des Kontinuums des Traums sind. Es ist eine rein semantische Unterscheidung, zu sagen, daß es in dem Traum mehr als ein »Bewußtsein« gibt. Alle Menschen, die in dem Traum vorkommen, sind Maya. Sie sind Konstruktionen des Bewußtseins.

Alfred North Whitehead stellte eine ähnliche Theorie über die traumartige Natur der Realität auf: »... (die) Theorie, der ich mich widersetze, ist die zweigespaltene Natur, besonders die Zweiteilung der Natur in Bewußtsein und die Natur, die die Ursache des Bewußtseins ist. Die Natur, die die im Bewußtsein wahrgenommene Tatsache ist, beinhaltet das Grün der Bäume, den Gesang der Vögel, die Wärme der Sonne, die Härte der Stühle und das Gefühl, das man verspürt, wenn man Samt anfaßt. Die Natur, welche die Ursache des Bewußtseins ist, ist das mutmaßliche System der Moleküle und Elektronen, das in dieser Weise den Geist beeinflußt, um so das Bewußtsein der tatsächlich erscheinenden Natur zu produzieren. Das Bindeglied zwischen dieser Natur und der anderen Natur ist der Geist ...«[81]*

Tatsächlich steht hinter der Auffassung, daß das Universum allumfassend ist, eine weitreichende philosophische und

---
* Die Zahlen hinter den Zitaten verweisen auf die Anmerkungen auf S. 183

metaphysische Tradition. Die Mystiker bestätigen uns dies. Ebenso die Idealisten. Und das Erstaunlichste ist, daß auch die Physiker zustimmen, daß dies wahr ist. Wie Jack Sarfatti in *Psychoenergetic Systems* sagt: »Die volle Bedeutung der Quantentheorie ist immer noch im Geburtsstadium. Meiner Meinung nach beinhaltet das Quantenprinzip Geist in wesentlicher Art und Weise, gemäß den Vorstellungen von Parmenides, Bishop Berkeley, Jeans, Whitehead und anderen.«[67]

Im Jahre 1927 unterbreitete Werner Heisenberg seine berühmte »Unschärferelation« und brachte damit eine philosophische Debatte unter den Quantenphysikern in Gang, die bis heute noch keine Lösung gefunden hat. In sehr vereinfachten Worten stellte Heisenberg die Theorie auf, daß der Beobachter das beobachtete Objekt durch den reinen Akt der Beobachtung verändert. In dem Bestreben, die Geheimnisse der Materie zu enthüllen, erhielt Heisenberg vielleicht unbeabsichtigt einen kurzen Einblick in die Maya – einen Aspekt der »Unlogik« in der Architektur des Universums, von der Borges spricht. Wie Heisenberg feststellte, »löste sich das Konzept von der objektiven Realität in der Mathematik auf, die nicht mehr das Verhalten der Elementarteilchen widerspiegelt, sondern vielmehr unser Wissen um dieses Verhalten«.[41]

Die erstaunlichste Transformation der Weltsicht, die die neue Physik hervorgebracht hat, ist die Erkenntnis, daß Bewußtsein im sogenannten physikalischen Universum eine Rolle spielt. Seit Newton hat die Physik immer versucht, einen streng empirischen Ansatz aufrechtzuerhalten. Die »raison d'être« der traditionellen Physik bestand darin, daß es eine physische Welt gab, die direkt berührt werden konnte. Man vertraute auf den Mythos, daß sich die Gesetze der physikalischen Welt nicht veränderten. Mit den geeigneten Werkzeugen und angemessener Instruktion konnte jeder Physiker die Experimente und Beobachtungen eines jeden anderen Physikers wiederholen. Die Rolle der Empirik in der Wissenschaft erforderte immer einen unbeteiligten Beobachter und konzentrierte sich auf die objektive Realität als einem einzelnen, beobachtbaren »Etwas« a priori zum Bewußtsein. Es spielte dabei keine Rolle, welcher Physiker oder welcher Geist diese Beobachtung machte. Denn es handelt sich um das »gleiche« Universum, und das ist es, was zählt.

Aber die neue Physik, die Physik der Quantentheorie – der Zweig der Physik, der sich mit sehr kleinen »Quantitäten« von Materie und Energie beschäftigt –, hat herausgefunden, daß dies sehr wohl eine Rolle spielt. Mit den geeigneten Werkzeugen und angemessener Instruktion kann ein Physiker nicht unbedingt die Experimente und Beobachtungen eines anderen Physikers wiederholen. Das Ergebnis eines bestimmten Experiments scheint nicht länger nur von den »Gesetzen« der physikalischen Welt abzuhängen, sondern vielmehr auch von dem Bewußtsein des Beobachters. In der Tat, wie John A. Wheeler, Physiker an der Universität Princeton, meint, müssen wir den Begriff »Beobachter« durch den Begriff »Teilnehmer« ersetzen.[77] Wir können die physikalische Welt nicht beobachten, da es nicht nur eine einzige physische Welt gibt. Wir haben an einem Spektrum aller möglichen Realitäten teil.

Die Erkenntnis, daß das Bewußtsein in den Prozessen des physischen Universums eine Rolle spielt, ist eine radikale Abweichung von der klassischen Physik. Aber es entspricht dem, was uns die Mystiker darüber gesagt haben. Dies ist auch das Hauptthema dieses Buches – den Zusammenfluß von Mystik und der neuen Physik herauszustellen, eine neue Perspektive vom Universum unter dem Gesichtspunkt dieser neuen und zusammenfassenden Struktur zu eröffnen und die radikalen, ja sogar aufrüttelnden Auswirkungen hervorzuheben, die eine solche Perspektive nach sich zieht.

Wir sollten den Worten der Quantenphysiker besondere Aufmerksamkeit widmen, da sie eine Büchse der Pandora öffnen, wenn sie zugeben, daß der menschliche Geist Einfluß auf das Phänomen der sogenannten objektiven Welt hat. Ein neues Ungeheuer hat seinen Fuß in die Tür der klassischen Physik gestellt, und es wird noch viele Jahre dauern, bis wir das ganze Ausmaß erkennen können, daß dies auch auf die sichtbare und greifbare Welt hat. Eines ist sicher: Wenn der menschliche Geist einen Einfluß auf sogar etwas so Kleines wie ein einzelnes Teilchen hat, beeinflußt er die gesamte Ökologie des materiellen Universums. Unsere Realitätssicht befindet sich in der ersten, schmerzlichen Phase einer radikalen Veränderung.

Ein halbes Jahrhundert ist vergangen, seit Heisenberg seine revolutionäre Unschärferelation formulierte, und sogar heute noch tröpfeln die Erkenntnisse der neuen Physik erst langsam von der Spitze der Informationspyramide herab. Die Auswirkungen des Zusammenflusses von Mystik und Physik bestehen darin, daß wir erkennen, daß all unsere Vorstellungen von der Absolutheit des physischen Universums falsch sind. Langsam und schmerzlich müssen wir das Offensichtliche erkennen: Unsere Konzepte basieren auf einer verblüffenden Maya. Unsere Konzepte müssen berichtigt werden. Das Fundament unserer Erkenntnistheorien über unsere Umwelt und uns selbst muß ins Wanken geraten, da unsere Vorurteile angegriffen werden. Wie Heisenberg sagte: »Die heftige Reaktion auf die jüngste Entwicklung der modernen Physik kann nur dann verstanden werden, wenn man erkennt, daß hierdurch die Fundamente der Physik ins Wanken geraten sind; und daß diese Bewegung das Gefühl hervorgerufen hat, daß der Wissenschaft der Boden unter den Füßen weggezogen wird.«[41]

Aber so wie die Veränderung von der Physik Newtons zu der Physik Einsteins keinen Tod der Physik bedeutete, wird auch der Zusammenfluß von Mystik und der neuen Physik keinen Tod der Physik hervorrufen, sondern vielmehr nur eine Transformation, da die menschliche Forschung kein Ende hat – nur einen kontinuierlichen Fluß und eine ständige Veränderung, da alte Systeme in immer größere Hierarchien integriert werden. Der Zusammenfluß ist daher sehr viel mehr ein Verschmelzen, eine Synthese – zwei Quecksilberkügelchen berühren sich, um ein noch größeres Kügelchen zu bilden. Wenn die Wissenschaft vielleicht in breitem Rahmen erkennt, daß die Rätsel, die man in psychischen Phänomenen findet, bereits ein Teil der Gesamtstruktur der Wissenschaft sind, können ernsthafte Forschungsbemühungen beginnen.

Im Lichte von Wheelers Aussage über die Rolle des »Teilnehmers« müßte die Physik tatsächlich die psychologische Forschung erfinden, wenn diese nicht bereits existieren würde.

Jede Arbeit, die sich mit dem Zusammenfluß von Mystik und Physik beschäftigt, muß äußerst vorsichtig vorgehen. Wie Whitehead warnte: »Es wird einige fundamentale Annahmen geben, die die Anhänger all der verschiedenen Systeme innerhalb der Epoche unbewußt voraussetzen. Solche Annahmen erscheinen so offensichtlich, daß die Menschen nicht wissen, was sie annehmen, da sich ihnen noch kein anderer Weg eröffnet hat, sich die Dinge zu erklären.«[82]

Unsere Erfahrung sagt uns beispielsweise, daß das Universum den Gesetzen von Euklid folgt. Wenn man eine gerade Linie und einen Punkt neben der Linie annimmt, sagt uns unsere Intuition, daß es nur eine mögliche Linie gibt, die durch den Punkt und parallel zu der ersten Linie verläuft.

Dies ist eine so fundamentale Annahme, daß es den meisten von uns schwerfällt, sich eine andere Möglichkeit vorzustellen. Im ersten Viertel des 19. Jahrhunderts stellten ein Ungar und ein Russe, Bolyai und Lobachevski, die mathematische »Wahrheit« von Euklid in Frage. Sie demonstrierten schließlich aber nur, daß seine Behauptung nicht bewiesen werden kann. Indem man von Anfang an davon ausging, daß durch einen gegebenen Punkt zwei Linien gezogen werden können, die parallel zur ersten Linie verlaufen, konstruierte Lobachevski eine Geometrie, deren Logik ebenso fehlerlos ist wie die Geometrie vom Euklid.

In *Grundsätze der Wissenschaft* wies der französische Mathematiker Henri Poincaré darauf hin, daß »die Axiome der Geometrie deshalb weder a priori Vorurteile noch experimentelle Fakten sind. Vielmehr handelt es sich dabei um Übereinkünfte; unsere Auswahl unter allen möglichen Übereinkünften wird durch experimentelle Fakten beeinflußt; aber sie bleibt frei und wird nur durch die Notwendigkeit eingeschränkt, alle Widersprüche auszuschließen.«

Der Glaube, daß die euklidische Geometrie – die Geometrie, die in unseren Schulen immer noch als Bibel gelehrt wird – das einzig mögliche geometrische System ist, stellte sich im

Laufe der Zeit als unbegründet heraus. Im 19. Jahrhundert errichtete der Mathematiker Georg Riemann ein System, das auf der Voraussetzung basierte, daß es keine Linien gibt, die durch den Punkt verlaufen und zu der ersten Linie parallel sind. Obwohl Riemann diese dritte Geometrie als eine rein abstrakte mathematische Idee einführte, bezog sich Einstein schließlich auf die Geometrie Riemanns als mathematischen Rahmen für seine Relativitätstheorie. Auf astronomischer Ebene, beispielsweise bei Phänomenen wie dem Zusammenbruch der Gravitation und schwarzen Löchern, funktioniert die euklidische Geometrie schlicht und ergreifend nicht. Unsere Annahmen mögen auf Euklid basieren, das Universum im großen und ganzen tut es nicht. Auf die Frage, was mit der mathematischen Wahrheit der euklidischen Geometrie geschieht, antwortet Poincaré: »Dies hat keine Bedeutung ... eine Geometrie kann nicht wahrer sein als eine andere; sie kann nur brauchbarer sein.«

Wenn man fundamentale Annahmen jedoch erst einmal gelernt hat, ist es schwierig, sie zu transzendieren. Jeder, der versucht, sich eine Vorstellung von der Krümmung des Raumes zu machen, erkennt unvermeidlich die Kraft unserer euklidischen Intuition. Dies scheint dem zu entsprechen, worauf sich Don Juan in Carlos Castanedas *Der Ring der Kraft* bezieht, wenn er sagt: »Die Welt gibt uns ihr Geheimnis nicht direkt preis, die Erklärung der Welt liegt irgendwo dazwischen.«[22]

Die Erklärung der Welt liegt irgendwo dazwischen. Wir erschaffen uns selbst eine aus Worten geschaffene Welt. Wir betrachten uns in dieser Welt bis zu dem Ausmaß, in dem unsere Denkprozesse von der Semantik abhängen. Aber wir sollten unsere aus Worten geschaffene Realität nicht mit dem verwechseln, was tatsächlich »dort draußen« ist.

Dies führt uns zu einem weiteren wichtigen Punkt, der sich im Zusammenhang mit dem Zusammenfluß von Mystik und der neuen Physik eröffnet. Unsere fundamentalen Annahmen schränken nicht nur unser Verständnis von Physik und Metaphysik ein, sondern die Sprache an sich wird zu einem Hindernis. Sowohl die Physik als auch die Metaphysik haben einen Punkt erreicht, wo Sprache nicht mehr jede Information mitteilen kann. In der Quantenmechanik beispielsweise heißt es, daß identische Teilchen »ununterscheidbar« sind. Daher kann man sich zwei Elektronen, die ununterscheidbar sind, entweder als »gleich« oder als »verschieden« vorstellen. Unsere Intuition sagt uns vielleicht, daß sie verschieden sind, aber Heisenbergs Unschärferelation macht diese Annahme bedeutungslos. Deshalb stellen wir fest, daß zwei Worte, die sich gegenseitig ausschließen, austauschbar werden. Keines der beiden teilt irgendeine Information mit.

Innerhalb unserer Sprache vollzieht sich eine alarmierende Entropie, vor der wir uns hüten müssen. Auch in der Metaphysik stehen wir vor vielen Situationen, wo Sprache keine Information mehr übermittelt. In John Blofelds Übersetzung der »Zen-Lehren des Hui Hai« fragt ein Schüler den Zen-Meister: »Was ist mit der Wahrnehmung des wirklichen Buddhakaya gemeint?« Hui Hai antwortet: »Es bedeutet, nichts mehr als entweder existent oder nicht existent wahrzunehmen … Existenz ist ein Begriff, der im Unterschied zu Nichtexistenz gebraucht wird, während letzteres im Gegensatz zum vorherigen Begriff verwendet wird. Wenn du also nicht beginnst, das erste Konzept als gültig zu akzeptieren, kann das andere nicht bestehen. In gleicher Weise, ohne die Vorstellung von der Nichtexistenz, wie kann diese Existenz von irgendeiner Bedeutung sein? Beide Vorstellungen verdanken ihre Existenz ihrer gegenseitigen Abhängigkeit und gehören in den Bereich von Geburt und Tod. Indem man eine solche duale Wahrnehmung vermeidet, können wir dahin gelangen, das wahre Buddhakaya zu erblicken.«[14] Um es noch einmal zu sagen, werden zwei Worte, die sich gegenseitig ausschließen, austauschbar. Für den Quantenphysiker beinhalten die Wörter »gleich« und »verschieden« keine Information mehr. Für den Zen-Meister beinhalten die Wörter »Existenz« und »Nichtexistenz« keine Information mehr. Dieses offensichtliche Dilemma sollte dazu dienen, die Grenzen der Sprache darzustellen. Wie der Philosoph Wittgenstein beobachtete: »Wir analysieren kein Phänomen …, sondern ein Konzept … und deshalb den Gebrauch eines Wortes.«

Wenn der Quantenphysiker mit ununterscheidbaren Elektronen zu tun hat, ist es nicht das Phänomen, das sich verändert, sondern die fundamentale Annahme, wie Worte in unserem Denkprozeß funktionieren. Ob es sich nun um die letztendliche Realität des Buddhakaya oder den subatomaren Bereich handelt, immer bedeutet die reine Tatsache, daß die Worte »gleich« und »verschieden« keine Information mehr beinhalten, einen Einblick sowohl in den Gebrauch der Sprache als auch in das Phänomen der Elektronen.

Wie in späteren Kapiteln gezeigt werden soll, behauptet die Interpretation der Quantentheorie von Everett und Wheeler, daß der mathematische Formalismus der Quantenphysik seine eigene Interpretation enthüllt. Einfacher ausgedrückt, alle möglichen Ergebnisse eines Experiments existieren, gemäß der Interpretation, in einer unendlichen Anzahl von parallelen Realitäten. Neben den verblüffenden Folgen eines solchen Konzepts legt das Everett-Wheeler-Metatheorem dasselbe Paradox dar, auf das man in der theologischen Vorstellung von einem omnipotenten Gott stößt. Wenn jemals ein Experiment angestellt worden wäre, um das Everett-Wheeler-Metatheorem zu überprüfen (die Natur eines solchen Experiments wäre unergründlich), würde es darauf hinauslaufen, das Theorem gleichzeitig zu beweisen und zu widerlegen.

Gleichermaßen argumentiert der angesehene Kybernetiker Norbert Wiener in seinem Buch *God and Golem, Inc.* Ich habe bereits die intellektuellen Schwierigkeiten erwähnt, die aus dem Verständnis von Omnipotenz, allumfassender Wissenschaft und ähnlichem erwachsen. Diese erscheinen in ihrer Rohform in der Frage, die oftmals von einem Spötter gestellt wird, der bei religiösen Versammlungen ungebeten auftaucht und fragt: »Kann Gott einen Stein erschaffen, der so schwer ist, daß er ihn nicht heben kann? Wenn er dies nicht kann, sind seiner Macht Grenzen gesetzt, oder wenigstens scheint dies so; und wenn er es kann, scheint auch dies seiner Macht eine Grenze zu setzen.«[84]

Bei diesen beiden Beispielen handelt es sich um »Wortklaubereien«. Darüber hinaus zeigen sie jedoch auch, welche

Schwierigkeit das Konzept der Unendlichkeit beinhaltet. Im 19. Jahrhundert untersuchte der Mathematiker Georg Cantor unser intuitives Verständnis von Unendlichkeit und verglich es mit dem, was mathematisch über die Unendlichkeit bekannt ist. Cantor erforschte unendliche Muster und entdeckte, daß einige Unendlichkeiten »größer« als andere sind. Er erschuf ein vollständiges mathematisches System um seine erstaunlichen »transfiniten« Zahlen. Cantor bewies, daß es ebenso viele gerade ganze Zahlen wie ungerade ganze Zahlen gibt. Ebenso gibt es gleich viele Integrale wie Brüche. Die Zahl dieser Anordnungen ist die Kardinalzahl »Aleph Null«.

Cantor zeigte außerdem, daß zwischen zwei Punkten auf einer Linie »mehr« als eine unendliche Zahl von Punkten liegt; er bezeichnete dies als größer als die unendliche Zahl Aleph.

Zwischen zwei Punkten innerhalb der Linie a-b gibt es auch Aleph-Punkte, und so weiter bis ins Unendliche, was bedeutet, daß ein Aleph gleich all seinen Teilen ist. Die Anzahl der Punkte im Quadrat ist dementsprechend Aleph, was wiederum gleich der Anzahl der Punkte in einem Würfel ist, die wiederum gleich der Anzahl der Punkte in einem n-dimensionalen geometrischen Körper ist!

Da Aleph gleich all seinen Teilen ist, besteht die einzige Möglichkeit, eine größere Zahl als Aleph zu erhalten (eine Zahl, die größer ist als die Zahl, die größer ist als unendlich), darin, Aleph zu der Potenz von Aleph zu erheben. Diese Zahl ist Aleph 1, und es hat sich gezeigt, daß Aleph 1 die Zahl aller möglichen rationalen Kurven im Raum ist. Erstaunlicherweise enthüllte Cantor, daß es möglich ist, Anordnungen von immer höheren Kardinalzahlen zu konstruieren, die keine transfinite Kardinalzahl als äußere Grenze haben. In der Tat bilden die transfiniten Kardinalzahlen eine Reihe, deren Ende unvorstellbar ist.[34]

Bevor wir uns darüber irritieren lassen, daß wir die transfiniten Zahlen nicht begreifen, sollte ich vielleicht darauf hinweisen, daß Cantor bei dem Spiel mit seinen Aleph-Zahlen verrückt wurde. Um was es hier natürlich geht, ist, daß sich das Universum nicht immer in konkreten Begriffen begreifen läßt. Sowohl die Interpretation der Quantenphysik von Everett und Wheeler als auch das Paradox eines omnipotenten Gottes demonstrieren unsere Unfähigkeit, Unendlichkeit zu verstehen. Die Kenntnis der Unendlichkeit, Unendlichkeit jenseits von Null, Null jenseits von Null, Unendlichkeit, die sich über unendliche Macht ausdehnt, usw. sind das, was Wiener »unbestimmbare Formen« nennt. Die Schwierigkeit, die sich daraus ergibt, basiert auf der Tatsache, daß Unendlichkeit nicht mit den normalen Bedingungen einer Quantität oder Zahl übereinstimmt. Im folgenden werden wir feststellen, daß sowohl Physiker als auch Mystiker mit vielen unbestimmbaren Formen konfrontiert sind. Unsere Intuition täuscht uns, unsere Sprache läßt uns im Stich, und wir werden entdecken, daß unser Verständnis vom Universum von Denkungsarten abhängt, von denen sich die westliche Zivilisation noch kaum eine Vorstellung macht. Unsere Entdeckung dieser unbestimmbaren Formen und unsere Art und Weise, von ihnen zu sprechen und über sie zu denken, ist genau der Punkt, wo der Zusammenfluß von Mystik und Physik stattfindet.

Die klassische Physik läßt uns an eine sichere Welt der Strukturen und Gesetzmäßigkeiten glauben – ein Raumempfinden, das uns sagt, daß wir uns in drei Dimensionen bewegen können und daß die kürzeste Entfernung zwischen zwei Punkten eine gerade Linie ist; ein Zeitgefühl, das uns von der Linearität von Vergangenheit, Gegenwart und Zukunft überzeugt; ein Kausalitätsdenken, das mir sagt, daß jedesmal, wenn ich einen Gegenstand fallen lasse, er auch fallen wird, und jedesmal, wenn ich eine Billardkugel aus »derselben« Richtung und mit »demselben« Kraftaufwand anstoße, sie in »gleicher« Weise reagieren wird. Die Tatsache, daß wir die Ursache-Wirkung-Beziehung zwischen Ereignissen als einen solch persönlichen und verinnerlichten Teil unserer Erfahrung akzeptieren, verdeutlicht noch einmal mehr, wie stark unser euklidisches Denken ausgeprägt ist. Die Auswirkungen der neuen Physik treten gerade erst in Erscheinung.

Wie ich bereits erwähnte, stellt der Zusammenfluß von Mystik und der neuen Physik solche Annahmen ernsthaft in Frage. In ihrem Buch *Die Interpretation der Natur und der Psyche* legten Wolfgang Pauli und Carl Jung ein Diagramm dar, das die Grundkonzepte widerspiegelt, die gegenwärtig in unserem Verständnis des Universums vorherrschen.

Wie die Autoren schreiben, »befriedigt dieses Schema einerseits die Forderungen der modernen Physik und andererseits die der Psychologie.«[48] Die neue Physik wird uns jedoch zeigen, daß drei dieser Konzepte eines nach dem anderen einer höchst merkwürdigen Maya zum Opfer gefallen sind.

Im *ersten Kapitel* untersuche ich die Veränderung der Weltsicht vom Beobachter zum Teilnehmer. Es soll gezeigt werden, daß die neue Physik entdeckt hat, daß auf atomarer Ebene keine sich gleichende Kausalität existiert. Die Folgen, die diese Erkenntnis nach sich zieht, bestehen darin, daß die Erscheinung der Kausalität im alltäglichen Leben nichts anderes als eine statistische Angelegenheit ist. Die neue Physik

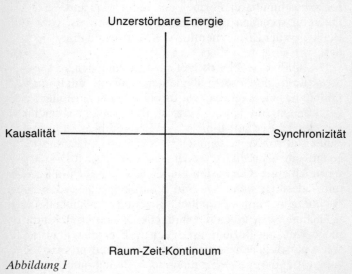

Abbildung 1

geht davon aus, daß das Bewußtsein selbst in die Funktionen der physischen Welt eingreift und sie beeinflußt. Die Folgen einer solchen Betrachtungsweise sind, daß es keine einzige, alleinige Realität gibt. Alle möglichen Realitäten koexistieren nebeneinander, und ein Teil unseres Bewußtseins filtert all diejenigen Realitäten aus, die unsere Intuition nicht akzeptieren kann. Die neue Physik behauptet, daß das Bewußtsein eine Instanz enthält, welche die »Realität strukturiert«, einen neurophysiologischen Mechanismus, der die Realität an sich auf psychologischem Wege beeinflußt.

Im *zweiten Kapitel* stelle ich dar, was die neue Physik über das Bewußtsein aussagt. Früher wurde in wissenschaftlichen Kreisen die Existenz von Bewußtsein als ein Phänomen verleugnet. In der neuen Physik gilt Bewußtsein vielleicht als das einzige Phänomen, das tatsächlich existiert. Meine Ausführungen legen dar, was die neue Physik hinsichtlich der Struktur des Bewußtseins und der mechanischen Erklärung für die Instanz, die die Realität strukturiert, aussagt.

Im *dritten Kapitel* beschäftigen wir uns mit den Modellen von Materie und Raum, welche von der neuen Physik unterbreitet werden. Es soll gezeigt werden, daß die neue Physik glaubt, daß sowohl Materie als auch das Universum ihre Existenz dem menschlichen Bewußtsein verdanken.

Die Realität an sich wird auf diese Weise als ein »Super-Hologramm« betrachtet, welches das Bewußtsein für sich selbst erschafft. Die Auswirkungen dieser Sichtweise sind, daß das Bewußtsein in das Super-Hologramm eingreifen und es verändern kann, um so Veränderungen in dieser Realität herbeizuführen.

Im *vierten Kapitel* werden einige Sichtweisen der neuen Physik vorgestellt, die das Phänomen der Zeit betreffen. In Kreisen der neuen Physik wurde behauptet, daß es Gebiete gibt, die buchstäblich weder räumlich noch zeitlich existieren. Um dies darzustellen, haben die Physiker zu einem Darstellungsmittel gegriffen, das als Lichtkegel bekannt ist. Ich erörtere den Lichtkegel und enthülle einige der Folgen, welche die Tatsache nach sich zieht, daß es ein Gebiet gibt, das tatsächlich jenseits von Raum und Zeit liegt.

Auch das *fünfte Kapitel* handelt von der Natur der Zeit in der neuen Physik. Die Erkenntnisse der neuen Physik reichen dahin, daß das Bewußtsein tatsächlich auf Regionen einwirken kann, die jenseits von Zeit und Raum liegen, um Phänomene zu bewirken, die man normalerweise für unmöglich hält. In diesem Kapitel wird dargelegt, daß die realitätsstrukturierende Instanz des Bewußtseins ebenso wie sie Materie und Raum beeinflussen kann, auch einen Einfluß auf die Zeit haben kann. Auch hier wird angeregt, daß die gesamte Materie-Raum-Zeit-Matrix des physischen Universums ihre Existenz dem Bewußtsein verdankt.

In den übrigen Kapiteln wird gezeigt, daß diese radikalen Ansichten, obwohl sie im Bereich der Wissenschaft neu sind, verschiedenen mystischen Lehren bereits vertraut sind. Im *sechsten Kapitel* werden die bemerkenswerten Übereinstimmungen zwischen einem alten Zweig der Hindumystik oder dem Tantra und der neuen Physik deutlich hervorgehoben.

In der neuen Physik existiert keine physische Welt »dort draußen«. Das Bewußtsein erschafft alles. Die Absicht des *siebten Kapitels* besteht darin, diese neue Weltsicht auszudrücken, die durch den Zusammenfluß von Mystik und neuer Physik vorgeschlagen wird. Dies schließt mit ein, daß dem menschlichen Bewußtsein keine Grenzen gesetzt sind, was die Mechanismen der Realitätsstrukturierung anbetrifft. So wie der Geist auf das Super-Hologramm der Realität einwirken und es verändern kann, kann er auch vollständig neue Realitäten erschaffen.

Im *achten Kapitel* wird untersucht, was die Mystik über den realitätsstrukturierenden Mechanismus aussagt und wie man sich dessen bewußt werden kann. Dies schließt mit ein, daß der realitätsstrukturierende Mechanismus eng mit dem menschlichen Nervensystem verbunden ist und dadurch kontrolliert wird, daß man mit dem menschlichen Gehirn umgeht, als wäre es ein Computer oder »Biocomputer«. Verschiedene Yogaübungen oder Methoden der Gedankenkontrolle werden daher ähnlich wie Computerprogramme betrachtet, die dazu benutzt werden, die realitätsstrukturierende Instanz des menschlichen Nervensystems zu erreichen.

Das *neunte Kapitel* schließlich beschäftigt sich mit der neuen Kosmologie, die durch den Zusammenfluß von Mystik und neuer Physik entsteht. Wenn die Konsequenzen dieses Zusammenflusses darin bestehen, daß unsere Annahmen über das physische Universum berichtigt werden müssen, welche Annahmen müssen dann an deren Stelle treten?

Wir werden feststellen, daß sowohl die Mystik als auch die neue Physik schließlich die Position einnehmen werden, die Borges in seinem Buch zum Ausdruck gebracht hat. Das heißt, wir haben die Welt erträumt. Die gesamte Reichweite der Folgen dieser Erkenntnis macht sich in der neuen Physik gerade bemerkbar. Mit den Worten des Astronomen Sir James Jeans: »Heutzutage findet man ein breites Ausmaß an Übereinstimmung, das auf seiten der Physik fast zu Einmütigkeit führt, darüber nämlich, daß der Wissensstrom auf eine nicht mechanische Realität zusteuert; das Universum sieht immer mehr wie ein großer Gedanke und nicht mehr wie eine große Maschine aus. Der Geist erscheint nicht mehr länger als ein zufälliger Eindringling in den Bereich der Materie; langsam dämmert uns, daß wir ihn vielmehr als den Schöpfer und Herrscher über den Bereich der Materie begrüßen sollten ...«[44]

Dies ist die Verschmelzung von Physik und Mystik. Wenn wir das Universum genau untersuchen, müssen wir zugeben, daß die unbestimmbaren Formen, mit denen wir konfrontiert werden, eine überwältigende Maya in Hinsicht auf die Realität enthüllen. Wir kommen mit dem Stoff in Berührung, aus dem die Träume sind. Wir haben mit dem Gedanken der Idealisten gespielt und müssen uns nun mit den Beobachtungen der Physiker konfrontieren. Es bleibt abzuwarten, wie die allumfassende Natur der Realität die westlichen Zivilisationen verändern wird. Daß diese Veränderungen gewaltig sein werden, ist das einzige, was sicher ist.

1. TEIL

BEWUSSTSEIN UND REALITÄT

Man muß zugeben, daß die Bedeutung der Quantenphysik, trotz aller ihrer Erfolge, noch nicht so gründlich geklärt ist wie beispielsweise die Ideen, auf denen die Relativitätstheorie basiert. Die Beziehung zwischen Realität und Beobachtung ist das zentrale Problem. Anscheinend ist eine tiefere, epistemologische Analyse dessen erforderlich, was ein Experiment, eine Messung darstellt und welche Art von Sprache verwendet wird, um das daraus resultierende Ergebnis zu übermitteln. Ist es die Sprache der klassischen Physik, wie Niels Bohr zu glauben scheint, oder ist es die »natürliche Sprache«, in der sich jeder im Laufe seines täglichen Lebens in bezug auf die Welt, seine Mitmenschen und sich selbst ausdrückt? Die Analogie mit Hilberts Mathematik schlägt das letztere vor, wo die praktische Manipulation konkreter Symbole anstatt der Daten über irgendein »reines Bewußtsein« als die wesentliche extralogische Basis dient. Bedeutet dies, daß die Entwicklung der modernen Mathematik und Physik in dieselbe Richtung zielt wie die Bewegung, die wir in der augenblicklichen Philosophie beobachten, weg von einem idealistischen und hin zu einem »existentiellen Standpunkt«?

HERMANN WEYL:
Philosophie, Mathematik und Naturwissenschaft

ERSTES KAPITEL
Beobachter und Teilnehmer

> Nichts ist wichtiger am Quantenprinzip als die Tatsache, daß sie die Vorstellung von der Welt als »etwas da draußen« zerstört, wobei sich der Beobachter, durch eine 20 cm dicke Glasscheibe von ihr getrennt, in sicherer Entfernung von ihr befindet. Nun muß er die Glasscheibe zertrümmern. Er muß hinter die Glasscheibe dringen. Er muß seine Meßgeräte installieren. Es liegt an ihm, sich zu entscheiden, ob er die Position oder das Moment mißt. Wenn er die Geräte für die Messung des einen installiert, verhindert und schließt dies aus, daß er die Ausrüstung installiert, um das andere zu messen. Darüber hinaus verändert die Messung den Zustand des Elektrons. Das Universum wird danach niemals dasselbe sein. Um zu beschreiben, was geschehen ist, muß man das alte Wort »Beobachter« ausstreichen und an seine Stelle das neue Wort »Teilnehmer« setzen. In einem etwas befremdlichen Sinne leben wir in einem Universum der Teilnahme.
>
> JOHN A. WHEELER: *The Physicist's Conception of Nature*

Heisenbergs Unschärferelation

Im Jahre 1927 unterbreitete Werner Heisenberg seine berühmte Unschärferelation und brachte damit eine Debatte in Gang, die bis heute noch keine Lösung gefunden hat. Vereinfacht ausgedrückt, stellte Heisenberg die These auf, daß der Beobachter das beobachtete Objekt verändert, und zwar durch den reinen Akt der Beobachtung.[40] Damit sagte er nicht, daß Bewußtsein einen direkten Einfluß auf das Ergebnis hat. Statt dessen bezog er sich auf die Probleme, die bei dem Versuch auftauchen, die Geschehnisse in atomaren Systemen zu messen. Wegen der unglaublichen Winzigkeit eines atomaren Systems kann an einem einzelnen System keine Beobachtung angestellt werden, ohne dieses System ernsthaft zu beeinflussen. Dies gleicht in etwa der Aussage, daß man das Uhrwerk einer sehr kleinen Uhr nicht untersuchen kann, ohne seine Funktion zu stören. Die Winzigkeit des Systems selbst erschwert seine Beobachtung und Meßbarkeit.

Das Problem der Beobachtung atomarer Systeme wird noch dadurch vergrößert, daß Licht das System beeinflussen kann. Auf der Ebene des alltäglichen Lebens können wir beispielsweise den Akt der Beobachtung als sicher annehmen, etwa wenn wir einen Stuhl oder eine gedruckte Seite betrachten. Die Tatsache, daß das Licht, das von dem Stuhl und der gedruckten Seite reflektiert wird, sie tatsächlich geringfügig verändert, ist unserer Wahrnehmung nicht sofort zugänglich. In sehr kleinen Systemen jedoch, wie zum Beispiel dem Inneren eines Atoms, wirbelt ein Photonlicht die Partikelchen tatsächlich durcheinander. Wir können niemals sicher sein, wo sich ein Partikelchen befindet, da nur durch den Akt des Sehens das Partikel seine Position verändern wird – da es mit einem Photon beschossen wird.

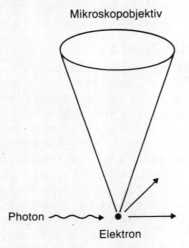

Abbildung 2: Das Problem des Gammastrahlenmikroskops, wie es von Heisenberg in seiner Unschärferelation erörtert wurde. Das Elektron kann nicht beobachtet werden, außer wenn es in Interaktion mit einem Photon steht, in welchem Fall sein Rückstoß die simultane Messung des Moments und der Position unmöglich macht.

Wir sind wie Blinde, die versuchen, ein feines Spinnennetz zu begreifen. Der Physiker geht davon aus, daß Atome in systematischer Weise zusammenspielen, und versucht, nachdem die Beobachtung das System verändert hat, daraus etwas über die ungestörten Eigenschaften des Atoms abzuleiten. Heisenbergs Unschärferelation sagt nun die verschiedenen möglichen Wirkungen voraus, welche die Beobachtung auf das Atom haben wird, so daß seine normalen Eigenschaften besser eingeschätzt werden können.

Die ursprüngliche Verbindung zwischen dem Beobachter und dem beobachteten Objekt, die von den Quantenphysikern entdeckt wurde, hat deshalb mit der technischen Schwierigkeit der Messung atomarer Systeme zu tun. Aus Heisenbergs Entdeckungen geht nicht unbedingt hervor, daß das Bewußtsein des Beobachters die Messung beeinflußt, sondern vielmehr nur die Werkzeuge, die der Beobachter gezwungenermaßen einsetzen muß. Aber spätere Entdeckungen haben einigen Physikern Anlaß zu der Vermutung gegeben, daß der menschliche Geist Materie beeinflussen kann.

Der Mythos von der Kausalität

Eine der größten Revolutionen im Bereich der Physik war die zunehmende Rolle der Unbestimmbarkeit – oder die Erkenntnis, daß es unmöglich ist, das Ergebnis eines Experiments vorauszusagen, egal wieviel Informationen wir über Materie haben. Vor der Entdeckung der Quantentheorie glaubten die meisten Physiker an ein Universum, das absolut kausal war. In seinem Werk *Philosophischer Essay über Wahrscheinlichkeiten* (1812–1820), faßte Laplace diesen Standpunkt folgendermaßen zusammen: »Demnach müssen wir den gegenwärtigen Zustand des Universums als die Wirkung seines vorherigen Zustandes und als die Ursache des Zustandes betrachten, der auf diesen folgen wird. Wenn man einmal den Fall annimmt, daß alle Kräfte der Natur und die jeweilige Situation der Dinge, aus denen sie sich zusammensetzt, begriffen werden könnten ..., wäre für sie nichts ungewiß, und die Zukunft ebenso wie die Vergangenheit könnten von ihr wahrgenommen werden.«[27]

Die klassische Physik schien zu zeigen, daß Kausalität auf der Ebene des Alltags existiert. Angefangen von einem Gewicht, das auf einer Feder schwingt, bis hin zu den Bewegungen der Planeten stellte alles Systeme dar, die den scheinbaren Gesetzen der Kausalität gehorchten. Wenn der Anfangszustand irgendeines Systems gegeben war, konnten alle späteren Zustände des Systems mit großer Genauigkeit vorhergesagt werden. Die Physik Newtons verdankt ihren Erfolg der Tatsache, daß solche Gesetze im wesentlichen für jedes System gelten, das für den Menschen sofort wahrnehmbar ist, angefangen von Billardkugeln bis hin zu Computern, elektrischen Netzwerken bis zu Eklipsen. Wo die Vorhersage unmöglich war, gingen die Physiker dennoch davon aus, daß das System kausal war. Selbst wenn der Physiker nicht genau ausmachen konnte, wo eine Flasche ankommen würde, die in den Atlantik geworfen wurde, konnte es aber die hypothetische Intelligenz von Laplace.

Auf der Ebene von quantenmechanischen Ereignissen hat man jedoch nichts gefunden, das nur ansatzweise der Kausalität entspricht. Das bekannte Doppelspaltexperiment liefert uns ein Beispiel dafür, daß die Quantentheorie Konzepte bezüglich der Materie, die keine sofort beobachtbaren Quantitäten repräsentiert, enthält. Man stelle sich einen Strahl von Partikeln vor, die alle dieselbe Geschwindigkeit haben. Wenn der Strahl auf eine Scheibe trifft, die einen schmalen Spalt aufweist, fliegen die Teilchen, die durch den Spalt dringen, nicht mehr alle in der gleichen Richtung. Sie werden gebrochen, so daß ihre veränderten Richtungen verschiedene Winkel zu dem ursprünglichen Strahl bilden. Wenn die Partikelchen dann individuell beobachtet werden, während sie auf irgendeine sichtbare Scheibe hinter dem Spalt treffen, treffen sie nicht alle im Bereich des Spaltes auf, sondern in einem viel weiteren Umfeld. Es ist weder vorhersagbar noch reproduzierbar, wo die einzelnen Teilchen auftreffen werden; nur ein Verteilungsmuster der Aufschläge kann formuliert werden. Ein Physiker hat beispielsweise 100 Partikelchen, die durch den Spalt gelenkt werden sollen. Die bekannten quantenmechanischen Gesetze ermöglichen es dem Physiker, vorherzusagen, daß 10 Prozent der Partikelchen in einem Bereich und 90 Prozent der Partikelchen in einem anderen Bereich auftreffen werden. Wenn der Physiker aber immer nur ein Teilchen auf einmal durch den Spalt lenkt, gibt es keine Möglichkeit vorherzusagen, in welchem Bereich das Teilchen auftreffen wird. In der Tat kann man nichts darüber herausfinden, um zu erklären, warum 10 Prozent der Partikelchen in einem Bereich und 90 Prozent in einem anderen auftreffen. Die Partikelchen sind identisch. Genauer gesagt, gibt es keinen Grund, warum ein Partikelchen auf einem anderen Platz auftreffen sollte als ein anderes. In einem Universum, das zunehmend kausal zu sein scheint, schafft ein solcher Indeterminismus eine neue Weltsicht, deren Widerhall vielleicht noch nicht einmal begonnen hat, die Grundfesten der klassischen Physik zu erschüttern.

Der Indeterminismus des quantenmechanischen Universums ist sicherlich eine der erstaunlichsten Veränderungen im Bereich der Physik, und zwar in der Art und Weise, wie wir die Welt betrachten. Er erschüttert unsere Glaubenssysteme. Er zerstört unsere Fehlannahmen hinsichtlich der Verbundenheit der Ereignisse. Die Tatsache, daß wichtige Vertreter der alten Schule, einschließlich Einstein selbst, sich der Verleugnung eines kausalen Universums widersetzten, erstaunt nur wenig. In dem Buch *Einstein und Beckett* wird Kuznetsov zitiert: »Einstein geht von der Idee aus, daß eine Reihe von beobachtbaren Phänomenen die Natur der Kausalbeziehung zwischen ihnen nicht eindeutig bestimmt. Daher wird das Bild von der kausalen Beziehung in gewissem Maße unabhängig von der direkten Beobachtung abgeleitet. Einstein spricht von der freien Konstruktion von Konzepten, die kausale Beziehungen ausdrücken. Bedeutet dies, daß solche Konzepte a priori oder konzeptuell oder als Ganzes willkürlich sind? Die Antwort ist nein. Die kausale Verbindung von Prozessen kann mittels verschiedener Arten von Konstruktionen ausgedrückt werden, und in diesem Sinne ist ihre Auswahl willkürlich. Aber sie müssen in Übereinstimmung mit der Beobachtung sein, und es ist unsere Pflicht, die Konstruktion auszuwählen, die am besten mit ihr übereinstimmt.«[70]

Es ist wichtig zu verstehen, daß Einsteins spezielle Einwände gegen die Quantentheorie darauf abzielten zu zeigen, daß die Quantentheorie keine angemessene Beschreibung der physischen Realität liefern könne. Bis zu seinem Tod glaubte Einstein an ein kausales Universum, das auf der Ebene atomarer Vorgänge einfach nicht existiert.

In seinem Buch *The Human Use of Human Beings* stellt Norbert Wiener fest, daß weder Heisenberg noch Planck, sondern vielmehr Willard Gibbs als erster annahm, daß das Universum zufällig (das heißt nur innerhalb statistischer Grenzen vorhersehbar) und nicht determinierbar ist. Bereits 1870 formulierte Gibbs seine Vorstellungen von der Zufälligkeit. Es besteht eine sehr große Wahrscheinlichkeit, daß jedesmal, wenn man eine Billardkugel aus »derselben« Richtung mit »demselben« Kraftaufwand anstößt, sie in »derselben« Art und Weise reagiert. Aber es gibt Grenzfälle – Besonderheiten an den lockeren Grenzen unserer Ursache-Wirkung-Realität –, die auf diese Zufälligkeit des Universums hinweisen. In einem zufälligen Universum besteht die Möglichkeit, daß die Billardkugel, obwohl sie meistens in »der gleichen Weise« reagieren wird, nicht in dieser Weise reagieren wird oder sogar etwas vollkommen Unvorhersagbares tut. Entsprechend dieser Vorstellung von der Zufälligkeit kann der Physiker nicht mehr mit dem umgehen, was immer geschieht, sondern nur noch mit dem, was vorwiegend geschieht.

Die Quantentheorie geht auch davon aus, daß alle Systeme letztendlich nur statistisch beschrieben werden können. Die scheinbare Kausalität des Universums beruht auf der Tatsache, daß Wahrscheinlichkeiten in Systemen, die größer als sehr kleine sind, annähernd gleich eins sind. Die extrem hohe Wahrscheinlichkeit, daß Eklipsen innerhalb bestimmter bestimmbarer Daten auftauchen, ist das statistische Ergebnis einer fast unbestimmbaren Anzahl von quantenmechanischen Ereignissen. Wiener sagt, daß »... wir in einer Welt der Wahrscheinlichkeiten nicht mehr mit Quantitäten und Aussagen, die sich auf ein spezifisches, reales Universum als ein Ganzes beziehen, beschäftigen können, sondern statt dessen

Fragen stellen müssen, deren Antworten in einer großen Anzahl von ähnlichen Universen liegen. Auf diese Weise wird zugegeben, daß es den Zufall gibt, und zwar nicht nur als ein mathematisches Mittel für die Physik, sondern vielmehr als ein Teil ihrer Struktur.«[85]

Dieser radikale Übergang von einem kausalen zu einem statistischen Universum rief die meisten Kontroversen hervor. Die Konsequenzen der Unbestimmbarkeit zeigen sich am deutlichsten bei den Problemen, mit denen sich als erster der österreichische Physiker Erwin Schrödinger im frühen 20. Jahrhundert beschäftigte. Die Quantentheorie berücksichtigt jede Variable, die das Verhalten eines Partikels bestimmt (Energie, Position, Geschwindigkeit, Winkelmoment etc.). Während man mit Hilfe der physikalischen Experimente die Eigenschaften und Wirkungsweisen dieser Variablen entdeckt, besteht die parallele Aufgabe des Physikers darin, mathematische Gesetze zu formulieren, die die physikalischen Eigenschaften und ihre Beziehungen in angemessener Weise beschreiben. Wenn die mathematische Formel einmal gefunden ist, kann das Verhalten eines Partikels vorhergesagt werden.

Nehmen wir beispielsweise die bereits erwähnte Abbildung eines Strahls von Partikeln, die durch einen Spalt dringen. Wenn die verschiedenen Eigenschaften der Teilchen erst einmal bekannt sind, kann man das Verteilungsmuster vorhersagen. Schrödinger fand eine mathematische Gleichung, die dieses Verhalten beschreibt. Da sich Quantenpartikelchen komplementär verhalten – sie haben sowohl die Eigenschaften von einem Teilchen als auch die einer Welle –, ist diese Gleichung als die Wellenfunktion des Teilchens bekannt.

Hier taucht nun das Rätsel der Unbestimmbarkeit auf. Unter bestimmten Umständen sagt die Wellenfunktion von Schrödinger das Verhalten eines bestimmten Partikels bis zu einem gewissen Punkt voraus und beschreibt dann zwei gleichermaßen wahrscheinliche Ergebnisse für dasselbe Teilchen. Auf dem Papier wie auch bei der Beobachtung ist es nicht möglich, einen Grund dafür zu finden, warum das Partikelchen ein so unterschiedliches Verhalten zeigt. Die Gleichung scheint deshalb in eine Art schizophrenen Zustand geraten zu sein, aus dem heraus sie nicht entscheiden kann, welches Ergebnis sie wählt. Die Quantentheorie beschäftigt sich nicht mit einzelnen Ereignissen. Wenn man ein einzelnes Partikelchen hat, kann man mit Schrödingers Wellenfunktion nicht bestimmen, wo es auf die Glasscheibe auftreffen wird, sondern nur, wo eine Ansammlung oder Gruppe von Teilchen auftreffen wird.

Schrödingers Katze

Die Konsequenzen dieser Unbestimmbarkeit werden anhand eines interessanten Gedankenganges noch drastischer dargestellt, der allgemein als Schrödingers Katze bekannt ist. Das Experiment ist folgendes: Eine Katze ist zusammen mit einem Geigerzähler in einem Raum eingeschlossen, der radioaktives Material enthält, so daß in einer Stunde eine 50prozentige Chance besteht, daß einer der Atomkerne zerfallen wird. Nachdem der Geigerzähler ausgeschlagen hat, zerbricht ein speziell angebrachter Hammer eine Flasche Giftgas. Entsprechend Schrödingers Wellenfunktion wird am Ende einer Stunde das System in einem Zustand sein, in dem die Katze, in gleichen Anteilen »vermischt«, lebend und tot ist.

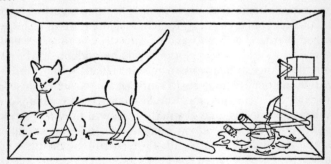

Abbildung 3: Schrödingers Katze. Am Schluß des Experiments sagt die Gleichung vorher, daß die Katze in vermischten Anteilen sowohl lebendig als auch tot ist. (Aus B. S. DeWitt: Quantum Mechanics and Reality. *In: Physics Today. Jg. 23, Nr. 9, 1970, S. 30).*

Natürlich wird nur ein beobachtbares Ergebnis erscheinen, wenn man dieses Experiment durchführt, was Schrödinger zu der Schlußfolgerung führte, daß die Mathematik eine paradoxe und nicht zu akzeptierende Beschreibung der Realität erschafft.[30]

Von Neumanns Katastrophe der unendlichen Regression

In seinem Buch *Time and Quantum Theory* (1966) sagt J. Zimmermann: »Diese Fragen nach einzelnen Ereignissen sind in Hinsicht auf die Sprache der konservativen Quantentheorie bedeutungslos, und deshalb sind sie in bezug auf ihre Interpretation in der Tat bedeutungslos. Nur Fragen und Aussagen über Ansammlungen sind sinnvoll.«[90] Wie zu erwarten ist, widersetzten sich die klassischen Physiker einer Sicht von einem unbestimmbaren Universum. John von Neumann gab als erster im Jahre 1955 zu bedenken, daß Schrödingers Gleichung ein Irrtum sein könnte. Er führte eine zweite Gleichung ein, um den Irrtum zu bestätigen, aber auch diese wurde widersprüchlich. Dasselbe geschah mit einer dritten und vierten Gleichung usw., was eine Kette erzeugte, die als »von Neumanns Katastrophe der unendlichen Regression« bekannt ist.[30]

Die meisten Physiker akzeptierten die unbestimmbare Natur atomarer Systeme nicht bereitwillig. Diese ähnelt etwa einem Billardtisch, bei dem einige Kugeln reagieren, wenn sie angestoßen werden, während andere zuerst bewegungslos bleiben, bevor sie sich bewegen, und wieder andere sich bewegen, ohne angestoßen worden zu sein. Um die paradoxe Beschreibung der Realität etwas einfacher darzustellen, als sie in Schrödingers Gleichung formuliert wird, stellen wir uns die Wellenfunktion als eine abstrakte Funktion in einem strukturierten Raum vor, einem imaginären dreidimensionalen Raum, der dazu benutzt wird, Problemen eine Struktur zu verleihen. Das Verhalten des Partikels kann als eine Linie in dem strukturierten Raum dargestellt werden.

An dem Punkt, an dem Schrödingers Gleichung zwei gleichermaßen wahrscheinliche Ergebnisse vorhersagt, gabelt sich die Linie.

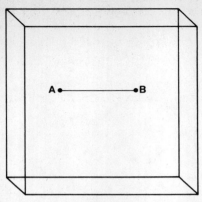

Abbildung 4: A ist der ursprüngliche Zustand des Partikels; B ist der Zustand, den es erreicht, wenn es durch die Zeit voranschreitet (beschrieben durch Schrödingers Gleichung).

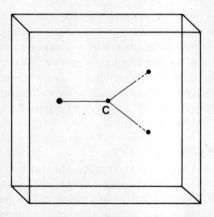

Abbildung 5a: Gemäß der Wellenfunktion zeigt ein einzelnes Partikelchen zwei verschiedene Verhaltensweisen zu ein und demselben Zeitpunkt.

Unter bestimmten Bedingungen kann man mit der Wellenfunktion eine unendliche Anzahl von widersprüchlichen Ergebnissen vorhersagen, in welchem Fall sich der Weg (oder Vektor) des Teilchens im strukturierten Raum in vier mögli-

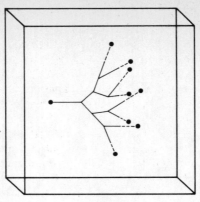

Abbildung 5b

che Richtungen gabelt *(Abbildung 5 b),* dann in acht mögliche Richtungen, dann in 16 bis unendlich.

Da eine Katze, die gleichzeitig lebendig und tot ist, sowie ein Teilchen, das gleichzeitig zwei oder sogar eine unendlich große Anzahl von möglichen Verhaltensweisen zeigt, unserer Erfahrung absolut entgegengesetzt sind, scheint Schrödingers Gleichung die individuellen atomaren Vorgänge nicht zu beschreiben. Um der Schizophrenie von Schrödingers Gleichung Rechnung zu tragen, wurden verschiedene Interpretationen der Quantentheorie geliefert.

Der Kopenhagener Kollaps

Die konventionelle Interpretation, für die sich die meisten Quantenphysiker entscheiden, ist als der »Kopenhagener Kollaps« bekannt. Gemäß dieser Betrachtungsweise bricht einer der Vektoren im Raum zusammen, wenn sich die Gleichung zweiteilt. Anstatt eine Vielzahl von Ergebnissen zu beinhalten, reduziert sich die Gleichung damit auf ein einziges Ergebnis. Fürsprecher des Kopenhagener Kollaps argumentieren, daß die Quantentheorie streng indeterministisch ist. Die Gleichung repräsentiert nicht die Realität, sondern ist nur ein Algorithmus (eine mathematische Methode), um statistische Voraussagen zu machen. Wenn man beispielsweise Schrödingers Katzenexperiment durchführt, resultiert dieses offensichtlich nicht darin, daß eine Katze sowohl lebendig als auch tot ist. Nur eine Ansammlung von lebendigen und toten Katzen würde die Realität genau beschreiben.

Michael Audi behauptet, daß »... alle philosophischen Probleme in bezug auf die Interpretation der Quantentheorie nachvollziehbar werden, wenn der Indeterminismus wirklich akzeptiert wird.«[4] Gegner dieser Theorie argumentieren, daß die Festsetzung von statistischen Maßen und der willkürliche Kollaps des Vektors nicht aus Schrödingers Gleichung folgen. Einstein und de Broglie behaupteten, daß eine streng deterministische Welt akzeptabler als eine zufällige sei, und nahmen daher einen anderen Grund für die Schizophrenie der Gleichung an. Vielleicht waren noch nicht alle Informationen über quantenmechanische Vorgänge bekannt, und eine noch unbekannte oder »versteckte Variable« könnte für das unterschiedliche Verhalten der zwei Teilchen verantwortlich sein. Einstein vertrat diese Ansicht erstmals im Jahre 1935.

In seinen frühen Schriften über die Quantentheorie vertrat Heisenberg die Auffassung, daß physikalische Quantitäten erst dann als real betrachtet werden könnten, wenn sie tatsächlich beobachtet worden waren; das heißt, wenn es sich dabei um Vorgänge handelte, die innerhalb von Raum und Zeit beschreibbar und der Wahrnehmung zugänglich sind. Bohr überzeugte Heisenberg, daß die Quantentheorie in Abwesenheit eines klassischen Bereiches keine Bedeutung hat. Was auch immer »nicht experimentell verifiziert« war, enthüllte keine »beobachtbaren Konsequenzen«, und »es mangelte ihm das intuitive Fundament«, weshalb er dies ganz einfach aus dem Bereich der objektiven Realität ausschloß.[40]

Nachdem Heisenberg die Quantentheorie in seinem Unschärfeprinzip mathematisch formuliert hatte, begannen er und andere Physiker, die Natur einer physikalischen oder objektiven Realität anzuzweifeln. Wie in der Einführung erwähnt wurde, gelangte Heisenberg zu dem Schluß, daß »... sich die objektive Realität in der Mathematik auflöst, welche nicht mehr länger das Verhalten der Elementarteilchen widergibt, sondern vielmehr unser Wissen über dieses Verhalten«.[41]

Bewußtsein als die verborgene Variable

In dem Versuch, die Existenz einer objektiven Realität aufrechtzuerhalten und das Rätsel der Wellenfunktion dennoch zu lösen, schlug der Nobelpreisträger und Physiker Eugene Wigner im Jahre 1961 eine zweite Lösung vor. Wenn Schrödingers Gleichung nicht die Realität widerspiegelt, ist vielleicht das Bewußtsein an sich die versteckte Variable, welche entscheidet, welches Ergebnis ein Vorgang tatsächlich hat. Wigner weist darauf hin, daß das Paradox von Schrödingers Katze nur auftaucht, nachdem das Meßsignal in das menschliche Bewußtsein eingedrungen ist. Mit anderen Woren: Das Paradox taucht an dem Punkt des Experiments auf, an dem sich die menschliche Beobachtung einschaltet.

Gemäß Wigner zielt die Quantenmechanik einzig und allein darauf ab, wahrscheinliche Beziehungen zwischen nachfolgenden Bewußtseinswahrnehmungen zu liefern. Er erklärt, daß es unmöglich ist, eine Beschreibung von quantenmechanischen Prozessen zu geben, ohne »sich ausdrücklich auf das Bewußtsein zu beziehen«.[86] In dem Dilemma von Schrödingers Katze ist es das Bewußtsein des Beobachters, das beeinflußt und auslöst, welches der möglichen Ergebnisse beobachtet wird. Wigner schlägt darüber hinaus vor, daß erforscht werden sollte, welche anderen Wirkungen Bewußtsein auf Materie haben kann.

In seinem Buch *Symmetries and Reflections* unterbreitet Wigner eine mögliche mathematische Beschreibung dessen, was seiner Meinung nach geschehen muß, wenn das Bewußtsein die Beobachtung beeinflußt. Er sagt: »Das schlagende Argument für den Unterschied zwischen den Rollen von unbelebten Beobachtungswerkzeugen und Beobachtern mit einem Bewußtsein – und dementsprechend für eine Verletzung der physikalischen Gesetze, bei denen Bewußtsein eine Rolle spielt – ist absolut zwingend, solange man die Grundsätze einer orthodoxen Quantenmechanik mit all ihren Konsequenzen akzeptiert. Ihre Schwäche, eine spezielle Wirkung von Bewußtsein auf Materie zu erzielen, liegt darin, daß sie sich total auf diese Grundsätze verläßt – eine Abhängigkeit, die auf der Basis unserer Erfahrung mit der ephemerischen Natur physikalischer Theorien schwer vollständig zu rechtfertigen ist.«[86]

Die Vorstellung, daß das Bewußtsein Materie beeinflußt, ist für einen Physiker eine höchst ungewöhnliche Aussage. In ihrem mechanistischen und empirischen Ansatz strebte die Wissenschaft bislang immer danach, den Geist des Bewußtseins aus allen Formulierungen von Gesetzen der Physik auszutreiben. Wigners Vorschlag, daß die Beziehung zwischen Bewußtsein und objektiver Realität wie die Natur der Kausalität noch einmal überprüft werden sollten, ist eine radikale Abweichung von der klassischen Physik. Obwohl Wigner annimmt, daß zwischen dem Beobachter und dem beobachteten Objekt eine neue Beziehung besteht, bleibt er dabei, daß die Verbindung zwischen Bewußtsein und Realität »nicht ausgeschaltet werden kann«.[86] Es gibt immer noch zwei Arten von Realität – die subjektive und die objektive. Der klassische Bereich objektiver Realität wird ganz einfach relativ.

Selbstbezogenheitskosmologien

Der Physiker John A. Wheeler glaubt, daß der Begriff »Beobachter« durch den Begriff »Teilnehmer« ersetzt werden sollte. Dieser Austausch würde seiner Meinung nach die radikale neue Rolle, die das Bewußtsein in der Physik spielt, deutlich hervorheben. Anstatt die Existenz einer objektiven Realität zu verleugnen, behauptet er weiterhin, daß sich subjektive und objektive Realität quasi gegenseitig erschaffen. Es handelt sich hierbei um »selbstangeregte Systeme«, die durch »Selbstbezogenheit« erschaffen werden. Wie er zu bedenken gibt, »könnte das Universum in etwas befremdlichem Sinne durch die Teilnahme derjenigen, die an ihm teilhaben, ins Leben gerufen werden? ... Der wesentliche Akt ist der Akt der Teilnahme. ›Teilnehmer‹ ist das unbestreitbare neue Konzept, das die Quantenmechanik liefert. Es löscht den Begriff ›Beobachter‹ der klassischen Theorie aus, den Mann, der in sicherer Entfernung hinter einer dicken Glasscheibe steht und beobachtet, was vor sich geht, ohne teilzunehmen.« Wie Wheeler schlußfolgert, »ist dies nicht möglich, wie die Quantenmechanik beweist«.[80]

Das Teilnehmerprinzip

Wheelers Begriffsvorschlag »Teilnehmer« zeigt die mystische Natur der neuen Physik. Erinnern wir uns an die Behauptung von Sir James Jeans, daß der Geist der Schöpfer und Herrscher über den Bereich der Materie ist. In gleicher Weise behauptet der Physiker Jack Sarfatti in seinem Artikel *Konsequenzen der Metaphysik in bezug auf psychoenergetische Systeme:* »Eine Vorstellung von der höchst wichtigen Signifikanz für die Entwicklung psychoenergetischer Systeme besteht darin, daß die Struktur der Materie nicht unabhängig von Bewußtsein sein kann!«[67]

Sarfatti schlägt weiterhin vor, daß wir ein logisches Kalkül von zweiwertigen »Ja-Nein«-Annahmen integrieren müssen, um die Quantentheorie vollständig zu verstehen. Diese Ja- und-Nein-Logik führt uns zu der dritten Interpretation der Quantenmechanik, der Everett-Wheeler- oder »Viele-Welten«-Interpretation, die eine Sicht des Universums zum Ausdruck bringt, die in der Science fiction üblich ist, aber im Gegensatz zu den Annahmen der meisten Physiker steht. Die Interpretation schlägt vor, daß sich das Universum kontinuierlich in eine gewaltige Anzahl von parallelen Realitäten aufspaltet. In einem solchen Universum existiert nicht nur eine undefinierbare Anzahl von Welten, sondern es gibt auch alle möglichen Endergebnisse eines Ereignisses.

Der Garten der sich gabelnden Wege

In seiner Kurzgeschichte *Der Garten der sich gabelnden Wege* erzählt Jorge Luis Borges von einem mythologischen chinesischen Edelmann namens Ts'ui Pên, der das Gelübde ablegt, während seines Lebens zwei Dinge zu vollbringen: ein Buch zu schreiben und ein Labyrinth zu konstruieren. Erst nach seinem Tod erkennen seine Hinterbliebenen, daß die beiden Projekte ein und dasselbe sind. Das Buch *Der Garten der sich gabelnden Wege* ist rätselhaft und scheinbar irrational. Im ersten Kapitel wird die Hauptfigur getötet. Im zweiten lebt sie wieder. Jedesmal, wenn eine der Figuren mit verschiedenen Alternativen konfrontiert ist, entscheidet sie sich für alle gleichzeitig. Borges beschreibt eine Hauptfigur, die schließlich die Vision erkennt, die in »dem Garten der sich gabelnden Wege« verborgen ist. Es ist ein theoretisches Werk über die Natur der Zeit: »... ein Bild, das unvollständig, aber doch nicht falsch ist, wie Ts'ui Pên das Universum wahrnahm. Im Unterschied zu Newton und Schopenhauer stellte er sich Zeit nicht als absolut und konstant vor. Er glaubte an eine unendliche Reihenfolge von Zeiten in einem verblüffenden, ständig wachsenden Netzwerk von divergierenden, konvergierenden und parallelen Zeiten. Dieses Netz der Zeit – deren Grenzen sich einander nähern, sich gabeln, überschneiden oder sich über die Jahrhunderte hinweg ignorieren – umfaßt alles, was möglich ist.« Wie die Hauptfigur erklärt: »... existieren wir in den meisten von ihnen nicht. In einigen existierst du und ich nicht, während in anderen ich existiere und du nicht, und in wieder anderen existieren wir beide. In dieser, wo mir das Schicksal günstig gesinnt war, kamst du bis an meine Tür. In einer anderen fandest du mich tot, als du meinen Garten durchquertest. Und in wieder einer anderen spreche ich diese Worte aus, aber ich bin ein Irrtum, ein Phantom.«[17]

Obwohl Borges Werk Fiktion ist, entspricht Ts'ui Pêns Konzept von der Zeit der Interpretation der Quantenmechanik von Everett und Wheeler. Im wesentlichen tauchen hinsichtlich der verschiedenen Interpretationen der Quantenmechanik drei Probleme auf. Erstens basiert von Neumanns Versuch, Schrödingers Gleichung zu überprüfen, auf der Annahme, daß die Mathematik nicht korrekt ist. Die Wellenfunktion beschreibt eine Realität, die der Intuition entgegengesetzt ist. Aber in dem Augenblick, in dem sich die Katastrophe der unendlichen Regression zeigt, hat sich die Mathematik noch nie als Irrtum erwiesen. Zweitens liefert auch die Kopenhagener Schule, die den Zusammenbruch der Gleichung dargelegt hat, jede Erklärung für ein derartiges statistisches Phänomen. Und schließlich wird in Konzepten wie dem von

Wigner die Existenz einer physischen Realität angenommen, auch wenn Heisenbergs Entdeckungen die Definition einer solchen physikalischen Realität eigentlich unmöglich machen.

Im Jahre 1957 beschäftigten sich Hugh Everett und John A. Wheeler mit diesen Themen. Im Anschluß daran unterbreiteten sie die Everett-Wheeler-Interpretation der Quantenmechanik, die keine Veränderungen in der grundlegenden Mathematik von Schrödingers Gleichung erforderlich macht. Diese Interpretation basiert auf folgenden Prämissen:

1. Sie akzeptiert die Mathematik von Schrödingers Gleichung. 2. Sie akzeptiert, daß keiner der Zweige von Schrödingers Gleichung zusammenbricht. 3. Sie leugnet die Existenz einer physikalischen Realität.

Die Everett-Wheeler-Hypothese akzeptiert die konventionelle Wahrscheinlichkeitsinterpretation der Quantentheorie, indem sie einen wichtigen Unterschied macht. Die Wahrscheinlichkeit, so wie sie sich auf die Quantentheorie bezieht, ist vom Konzept her anders und sollte nicht mit der Wahrscheinlichkeit verwechselt werden, wie sie in der Statistik verstanden wird. Die Quantentheorie beschreibt mathematisch ein Universum, in dem der Zufall kein Maß unserer Ignoranz eines Systems ist, sondern in dem er absolut ist. Es ist unvermeidlich, daß Aussagen wie die Widersprüchlichkeit der Wellenfunktion auftauchen müssen. Die Zweige der Wellenfunktion trennen und teilen sich gemäß den verschiedenen Möglichkeiten einer gegebenen Messung. Dieses Verhalten ist Teil der Mathematik in Schrödingers Gleichung. Da der Zufall kein Maß für unsere Ignoranz eines Systems ist, sollte die neue Information nicht dazu führen, daß wir die Gleichung ablehnen oder verändern.

Das Problem ist natürlich dasselbe, mit dem Ts'ui Pêns Hinterbliebene konfrontiert waren. Die Everett-Wheeler-Interpretation akzeptiert die drei Probleme, die durch andere Interpretationen aufgeworfen werden, aber sie fordert unsere intuitive Vorstellung von Zeit heraus. Wie Bryce DeWitt betont, vermuten Everett und Wheeler ein Universum, das »... sich ständig in eine gewaltige Anzahl von Zweigen aufspaltet, die alle aus der Messung resultieren, ähnlich wie die Interaktionen zwischen seinen Myriaden von Komponenten. Darüber hinaus spaltet jeder Quantensprung, der auf jedem Stern, in jeder Galaxie und jedem entfernten Winkel des Universums stattfindet, unsere lokale Welt auf der Erde in Myriaden von Kopien ihrer selbst.«[(30)]

Die Viele-Welten-Hypothese

Die Möglichkeit von 100^{100+} Universen, die alle unvollständige Kopien voneinander und sich der Gegenwart des anderen vollständig unbewußt sind, hat enorme Konsequenzen. In bezug auf Schrödingers Experiment bedeutet dies, daß für jede Katze, die in unserem Universum überlebt, in einem anderen Universum eine Katze stirbt. Die Wellenfunktion verursacht, daß sich das Universum zweiteilt, und das Paradox ist gelöst. Wie von Neumanns »Katastrophe der unendlichen Regression« besagt, verursacht jedes quantenmechanische Ereignis in unserem Universum eine unendliche Anzahl von Teilungen, in denen die Wahrscheinlichkeit bestimmt, daß alle möglichen Realitäten »existieren«. In einem solchen Garten der sich gabelnden Wege könnte die Lösung für das Dilemma des Indeterminismus ein Universum sein, in dem alle möglichen Ergebnisse eines Experiments tatsächlich auftauchen *(Abbildung 6)*.

Diese Interpretation wie alle vorherigen bringt ihre Probleme mit sich. Ein mathematischer Formalismus, der seine eigene Interpretation nach sich zieht, kann niemals im Labor nachvollzogen werden. Selbst wenn solch ein Experiment durchgeführt werden könnte, etwa mit von Neumanns Testapparatur, wäre das Ergebnis widersprüchlich und würde wieder alle möglichen Resultate erzielen. Die Everett-Wheeler-Interpretation würde sich gleichzeitig bestätigen und widerlegen, wie eine Katze, die sowohl lebendig als auch tot ist.

In gleicher Weise wie wir gezwungen sind, die Ja-und-Nein-Logik in der Tatsache zu akzeptieren, daß Elektronen gleichzeitig Wellen und Partikel sind, sollten wir jedoch die Annahme von Wheeler (und Sarfatti) eines Ja-und-Nein-Kalküls berücksichtigen. Die Everett-Wheeler-Interpretation (ob sie

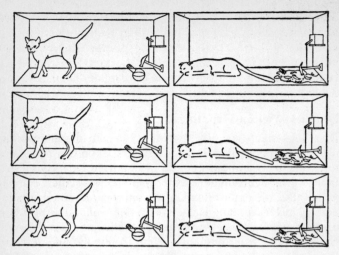

Abbildung 6: Alle möglichen Ergebnisse eines Experiments tauchen in einer unendlichen Anzahl von Universen auf (aus B. S. DeWitt: Quantum Mechanics and Reality. In: Physics Today. *Jg. 23, Nr. 9, 1970, S. 30).*

nun ontologisch korrekt ist oder nicht) ist vielleicht die einzige zutreffende Antwort.

Dies bringt uns noch einmal zurück zu der Beziehung zwischen Bewußtsein und Realität. Wheelers »Teilnehmer« ist sogar auch in der Viele-Welten-Interpretation enthalten. Wenn beide Ergebnisse in Schrödingers Katzenexperiment auftauchen, muß irgendeine einflußreiche Instanz im menschlichen Bewußtsein entscheiden, welches Ergebnis erfahren wird. Wie Jack Sarfatti erklärt: »Daher führen wir das Teilnehmer-Metaprinzip ein: den bestimmten Faktor für einen individuellen Quantensprung, der mit dem freien Willen des Teilnehmers verbunden ist. Allgemein gesprochen ist der kollektive Wille der Teilnehmer nicht zielgerichtet wie auch nicht kohärent, was der Quantenwahrscheinlichkeit ihren scheinbar zufälligen Charakter verleiht.«[67]

Sarfatti behauptet darüber hinaus, daß das Konzept vom Teilnehmer auch dazu verwendet werden kann, andere Phänomene zu erklären. In der Brownschen Bewegung oder der konstanten Zickzackbewegung von Teilchen in einer Flüssigkeit oder Gas beispielsweise bestimmt seiner Meinung nach der Geist des Teilnehmers die Bewegung der Teilchen. Der Zufallscharakter der Brownschen Bewegung ist auf die Annahme zurückzuführen, daß der kollektive Wille der Teilnehmer im allgemeinen nicht zielgerichtet ist. Daher nimmt Sarfatti an, daß das Teilchen in einer zufälligen Brownschen Bewegung herumgeschleudert wird, die durch die unbewußte geistige Funktion aller Teilnehmer erzeugt wird. Er behauptet: »Der Teilnehmer bei einem bestimmten Quantenexperiment in einem Physiklabor kann der Forscher selbst sein, obwohl auf einer tieferen Ebene der Verbundenheit der Quanten auch das allgemeine Spektrum aller lebenden Systeme miteinbezogen werden muß. Alle bewußten Systeme, unabhängig davon, wo sie sich in bezug zu dem Experiment räumlich-zeitlich befinden, tragen inkohärent zu dem gesamten, nicht lokalisierten Quantenpotential bei, das auf die individuellen Photonen oder Elektronen einwirkt.«[67]

Sarfatti ist der Meinung, daß das Teilnehmerprinzip für die scheinbar wunderbaren Fähigkeiten verantwortlich ist, die beispielsweise von Medien wie Uri Geller demonstriert werden. Wenn solche Talente Gültigkeit besitzen, sollten Menschen wie Geller durch einen Akt des Willens in der Lage sein, das genaue Gebiet des Auftreffens einzelner Teilchen in dem früher erwähnten Doppelspaltexperiment zu kontrollieren. (Sarfatti bezog sich tatsächlich auf Tests von Gellers Fähigkeiten, die von Professor John Hasfed im Birbeck College an der Universität London am 21. und 22. Juni 1974 durchgeführt wurden. Zeugen, einschließlich Professor David Bohm, Dr. Ted Bastin, Arthur Koestler und Arthur C. Clarke, beobachteten, wie Geller mit Hilfe von psychoenergetischen Kräften Metall verbog und einen Geigerzähler beeinflußte. Hasfed und Bohm bereiten einen detaillierten Bericht zur Veröffentlichung vor.[67])

Die Sichtweise der Physiker verändert sich unaufhaltsam. Vor 50 Jahren gab Heisenberg seine bahnbrechenden Aussagen zur Beobachtung bekannt; langsam beginnt die breite

Masse der Wissenschaft die ersten Erschütterungen eines radikalen und völlig neuen Zeitalters zu spüren. Seit Jahrhunderten haben die Mystiker erklärt, daß Materie und Bewußtsein verschiedene Aspekte desselben Etwas sind. Für all diejenigen, die ihr Leben damit verbracht haben, zu versuchen, in die Geheimnisse der Materie einzudringen, hat die neue Physik eine Botschaft, die nicht neu ist, aber die sich als eine der bedeutendsten Wiederentdeckungen herausstellen wird, die die Menschheit jemals gemacht hat. Vielleicht wird diese Veränderung wie ein Donnerschlag empfunden, da alte Strukturen zerstört werden und neue an ihre Stelle treten. Vielleicht wird die Veränderung so subtil und schrittweise vor sich gehen, daß wir nicht mehr von ihr wahrnehmen als die Gegner von Kopernikus während der Zeit von Galilei, die nicht spüren konnten, daß sich die Erde bewegt. Was auch immer der Fall sein wird, die Botschaft der neuen Physik ist die, daß wir Teilnehmer in einem Universum sind, das ein immer größeres Wunder darstellt. Wir haben die Materie erforscht und ein wenig von der Maya gefunden – und einen flüchtigen Blick auf uns selbst geworfen.
Es besteht kein Unterschied zwischen Ja und Nein. Ist diese Aussage korrekt? Ja und nein. Ein endloses Paradox. Aber wenn der Geist seine Realität bestimmt, gibt es kein Paradox. Träumen wir, daß jemand in unserem Traum lebendig oder tot ist? Offensichtlich träumen wir das, wofür wir uns entscheiden. Ist Schrödingers Katze nun lebendig oder tot?

ZWEITES KAPITEL
Ein holographisches Modell des Bewußtseins

> Heute scheint es höchst plausibel, daß der »Sitz des Bewußtseins« niemals von einem Neurochirurgen gefunden werden kann, da es sich dabei nicht so sehr um ein Organ oder Organe handelt, sondern vielmehr um die Interaktion von Energiefeldern innerhalb des Gehirns. Diese Energiemuster würden durch einen chirurgischen Eingriff unterbrochen werden, und in Leichen sind sie bereits verschwunden. Neurophysiologen werden außerhalb ihres eigenen Bewußtseins wahrscheinlich nicht finden, wonach sie suchen, denn das, wonach sie suchen, ist das, was sucht.
>
> Keith Floyd: *Of Time and the Mind*

Hologramme

Hologramme sind eine Art Transparentbild, das mit Hilfe eines Lasers erzeugt wird und in dem das Bild nicht zweidimensional wie bei normalen Fotografien, sondern dreidimensional erscheint. Wenn Sie ein Hologramm von einem Apfel haben, können Sie tatsächlich hinter den Apfel sehen, wenn sie das Bild etwas zur Seite neigen. Das Erstaunlichste an einem Hologramm ist die Tatsache, daß Sie zwei vollständige Bilder erhalten, wenn Sie es in zwei Hälften schneiden – wobei jedes Bild den ganzen Apfel enthält. Wenn Sie das Bild wiederholt zerschneiden, erhalten Sie vier Äpfel, dann acht, usw., da jeder Teil des holographischen Transparentbildes immer das ganze Bild enthält.

Die Eigenschaft, »holographisch« zu sein oder jeden Teil im ganzen zu erhalten, ist bemerkenswert, da sie darauf hinweist, daß die Organisation der Information, die in einem Hologramm enthalten ist, ganz anders ist als die Organisation der Information in normalen Bildern. In einem impressionistischen Gemälde beispielsweise kann jede Einzelinformation oder jeder Pinselstrich isoliert und separat von dem Gemälde als Ganzem betrachtet werden. Das Hologramm kann jedoch nicht in Fragmente unterteilt werden. Da man jedes einzelne Teilchen eines holographischen Bildes nur in seiner Beziehung zu den kollektiven Teilen des ganzen Bildes verstehen kann, können wir davon sprechen, daß es bestimmte »Feld«-Eigenschaften besitzt.

Das holographische Organisationsmodell paßt zu unserer Diskussion, da die neue Physik herausgefunden hat, daß die fundamentalen Bestandteile der Materie (subatomare Partikel) auch als individuelle Einzelteile oder Bausteine isoliert werden können. Ihr Verhalten weist ebenfalls Feldqualitäten auf, und zwar dahingehend, daß es durch das Kollektiv der Teilchen bestimmt wird. Dies ist verblüffend, da die gleiche holographische bzw. Feldbeziehung auch auftaucht, um die Struktur des Lebens und tatsächlich auch die Struktur unserer Denkprozesse zu bestimmen.

Die Existenz des Bewußtseins

Wie aus dem (obenstehenden) Zitat von Floyd hervorgeht, müssen wir erwarten, daß das Rätsel des Bewußtseins aus verschiedenen Gründen ein einmaliges Problem darstellt. Erstens ist das Bewußtsein selbst das einzige Werkzeug, daß wir besitzen, um Bewußtsein zu erforschen. Als solches sind wir in einem endlosen Dilemma gefangen – wie ein Spiegel, der unendlich eine Spiegelsituation reflektiert, aus der es kein Entkommen gibt. Eine solche Situation entspricht den Problemen, auf die Heisenberg in bezug auf Messungen hingewiesen hat. Der Beobachter verändert das Beobachtete. Der Denker verändert den Gedanken.

Den größten Teil des 20. Jahrhunderts herrschte in wissenschaftlichen Kreisen die Ansicht vor, daß Bewußtsein nicht existiert. Wittgensteins Argument, daß die Existenz des subjektiven »Ich« aus unserer Sprache verbannt werden sollte, da keine physikalischen Messungen über Bewußtsein angestellt werden können, wurde zu einer fast leidenschaftlichen Überzeugung vieler Wissenschaftler.

In seinem Buch *Design for a Brain* (1952) schrieb der Pionier auf dem Gebiet der Kybernetik, W. Ross Ashby, ein ganzes Buch über die Mathematik und Organisation einer Denkmaschine, ohne sich auch nur ein einziges Mal auf das Bewußtsein zu beziehen. Ashby leugnet nicht ausdrücklich dessen Existenz, aber er ist ganz einfach der Meinung, daß Lernen als ein Prozeß nicht »notwendigerweise von Bewußtsein abhängt«. Die Verhaltensforscher »und ihre Gefolgschaft«, wie Arthur Koestler es ausdrückt, sind die zeitgenössischen Fürsprecher der These, daß das Bewußtsein als solches keiner Erforschung durch die Wissenschaft wert ist.[49]

Aber die leidenschaftliche Überzeugung der Wissenschaftler gerät immer mehr ins Wanken. Mit dem Beginn der neuen Physik überprüfen immer mehr Wissenschaftler das Rätsel Bewußtsein noch einmal. In seiner Schrift *Der Zusammenfluß von Psychiatrie und Mystik* zählt der Psychiater Stanley R. Dean ein Kompendium mystischer Glaubensüberzeugungen auf, die in wissenschaftlichen Kreisen mehr und mehr akzeptiert werden. In diesem Zusammenhang bringt er die Hypothese zum Ausdruck, daß Denken universelle Feldeigenschaften besitzt, die wie Gravitations- und Magnetfelder »der wissenschaftlichen Forschung zugänglich« sind.[29]

Die wechselseitige Verbundenheit aller Teile des Gehirns

In unserem Ansatz zu einem holographischen bzw. Feldmodell ist die erste Frage, welche Prozesse im Gehirn mit dem Bewußtsein verbunden sind. Man ist zu der festen Meinung gelangt, daß innerhalb der Membran, die die inneren Nerven des Neuralnetzes des Gehirns von dem sie umgebenden Medium trennt, eine elektrische Polarisation stattfindet. Die Membran besitzt die Fähigkeit, die Polarisation zu vermindern, indem sie ihre Durchlässigkeit für bestimmte Ionen verändert. Wenn daher ein Nervenimpuls ausgelöst wird, läuft die Depolarisation entlang der Membran einer Nervenzelle, bis sie den Verbindungspunkt zwischen benachbarten Neuronen oder eine Synapse erreicht. An diesem Punkt besteht über der Synapsenspalte eine potentielle Differenz. Unter bestimmten Umständen schaltet dieser Übergang über die Synapse andere, gleichzeitig eintreffende Impulse aus. In anderen Fällen erzeugt der Übergang einen anderen Impuls, das Neuron abzufeuern.

Bis zum heutigen Tag ist noch nicht bekannt, welcher Prozeß an diesem Übergang beteiligt ist. Daher stellt sich das Problem des Bewußtseins folgendermaßen dar: Welcher Prozeß ist an der Verbundenheit aller Teile des Gehirns beteiligt? Es gibt einen klaren Beweis dafür, daß dieser Prozeß nicht chemisch oder elektrochemisch ist. Evan Harris Walker vom Elektronischen Forschungszentrum der NASA, Cambridge, Massachusetts, behauptet, daß »Bewußtsein eine nicht physikalische, aber reale Quantität ist«. Er argumentiert, daß der damit verbundene Prozeß nicht unbedingt chemischer Natur ist, und nimmt an, daß der Transfer auf einen »quantenmechanischen Tunnelprozeß« zurückzuführen ist. Er erbringt den überzeugenden Beweis, daß in der Synapse irgendein quantemechanisches Phänomen stattfindet, aber er gibt zu, daß ein solcher Prozeß das Phänomen Bewußtsein nicht vollständig erklärt: »Wir müssen irgendeinen Prozeß finden, der Übergänge über lange Entfernungen (einige Zentimeter) ermöglicht, und möglichst den Prozeß, der sich in der Synapse vollzieht, nicht verändert, so wie wir ihn bereits beschrieben haben.«[77]

Wenn das Rätsel des Bewußtseins die Verbindung zwischen allen Teilen des Gehirns ist, ergeben sich zwei Möglichkeiten, eine solche Verbindung zu erklären. Die erste liefert Walker, der davon ausgeht, daß die Verbindung mittels einer Partikelreaktion hergestellt wird, die entweder chemisch, elektrochemisch oder quantenphysikalisch ist. Die zweite Erklärung besteht darin, daß die Verbindung mittels eines Kraftfeldes bewirkt wird, das sich über die entsprechende Region im Raum erstreckt. Eine Möglichkeit ist ein elektromagnetisches Feld. Da die Gehirnströme jedoch nicht entlang der Bahnen der Dendriten und Axonen laufen, scheinen die verschiedenen Gehirnregionen nicht elektrisch miteinander verbunden zu sein. Die elektrischen Ströme des Gehirns sind in der Tat ziemlich lokal und treten nur in dem direkten Umfeld eines keinen Teils einer bestimmten Nervenzelle auf. Wenn nicht weitere Forschungen anderes ergeben, können wir elektromagnetische Felder als Erklärung für diesen Prozeß ausschließen. Aber was stellt dann diese Verbindung her?

Das Quantenprinzip

Unsere Antwort liegt vielleicht in einem ähnlichen Problem, mit dem sich die Quantenphysiker beschäftigen. Einige Physiker glauben, daß eine Verbindung oder ein »Quantenpotential« zwischen atomaren Teilchen besteht, aber wie in der Neurophysiologie des Gehirns wurde auch hier kein verbindendes Feld oder kein verbindender Prozeß gefunden. In einer Menge von radioaktivem Material beispielsweise wird die Halbwertzeit, also die Zeit, die erforderlich ist, damit das Material die Hälfte seiner radioaktiven Strahlung abgibt, durch die Anzahl der Atome in dieser Menge bestimmt. Wenn die Menge abnimmt, wird auch die Halbwertzeit beeinflußt. Die Anzahl der individuellen Teilchen scheint deshalb das Verhalten der Teilchen als Gruppe zu beeinflussen. Zwischen den verschiedenen Teilchen kann jedoch keine Interaktion festgestellt werden. Sie scheinen sich gegenseitig keinerlei Botschaft zu geben. In der Tat kann man keinerlei Beweis dafür finden, daß ein Prozeß stattfindet, während dem sie Signale austauschen, und dennoch beeinflußt jedes Teilchen irgendwie das Verhalten eines jeden anderen Teilchens.

Das gleiche Phänomen taucht bei dem an früherer Stelle erwähnten Doppelspaltexperiment auf. Nehmen wir beispielsweise einmal an, daß wir 100 hypothetische Partikel haben. Anhand Schrödingers Gleichung können wir vorhersagen, daß 10 Prozent dieser Teilchen in einem Bereich A und die restlichen 90 Prozent in einem Bereich B auftreffen werden. Das Verhalten eines einzelnen Teilchens kann nicht vorhergesagt werden. Nur das Verteilungsmuster der ganzen Teilchengruppe folgt vorhersagbaren statistischen Gesetzen. Wenn wir die Teilchen eines nach dem anderen durch einen Spalt schießen, werden wir feststellen, daß, nachdem 10 Prozent der Teilchen im Bereich A aufgetroffen sind, weitere Teilchen, die durch den Spalt geschossen werden, zu wissen scheinen, daß die Wahrscheinlichkeit erfüllt worden ist, und diesen Bereich daraufhin meiden.

D. Bohm und B. Hiley kommen zu folgender Aussage: »Daraus folgt, daß die Messung des Moments des ersten Partikels dieses Teilchen tatsächlich irgendwie in einen bestimmten Zustand des Moments p1 versetzt, während das zweite Teilchen in einen entsprechend bestimmten und damit verbundenen Zustand des Moments p bis p1 versetzt wird. Das Paradoxe an diesem Experiment besteht darin, daß Teilchen 2 irgendwie zu ›wissen‹ scheint, in welchen Zustand es gelangen soll, ohne daß irgendeine Interaktion stattgefunden hat, die diese Information übermitteln könnte.«[16]

Bohm und Hiley behaupten, daß die Teilchen, die in Bereich A auftreffen, den restlichen Teilchen irgendwie signalisieren und sie informieren müssen, daß die Wahrscheinlichkeit erfüllt worden ist. Eine solche Interaktion oder »ein Quantenpotential« zwischen den Teilchen würde erklären, warum ihr Verhalten kollektiv ist. Leider konnte bis heute kein solches Signal gefunden werden. Bohm und Hiley erklären: »Die reine Tatsache der Interaktion erhebt nicht unbedingt die Möglichkeit, daß ein Signal übermittelt wird. Tatsächlich muß ein Signal im allgemeinen eine komplexe Struktur aufweisen, aus vielen Ereignissen zusammengesetzt sein, die geordnet und in konkreter Art und Weise ablaufen.«[16] Bohm und Hiley behaupten, daß das Quantenpotential dennoch existiert, aber sie lassen die Frage offen, wie eine Verbindung ohne irgendeine Interaktion, bei der ein Signal übermittelt wird, stattfinden kann.

Es gibt viele verblüffende Ähnlichkeiten zwischen dem Quantenpotential und den Verbindungen des Gehirns. Beide beschäftigen sich mit den Ebenen der Organisation, in denen das Verhalten von getrennten, geschlossenen Systemen, Synapsen oder hypothetischen Partikeln durch das Kollektiv bestimmt zu werden scheint. Beide beinhalten die Übermittlung eines Signals und einen scheinbaren Informationsaustausch. In beiden verhalten sich die getrennten Systeme so, als ob sie miteinander verbunden wären, aber man kann keine Verbindung – chemischer, elektrochemischer, elektromagnetischer Art oder irgendeinen anderen allgemein bekannten Prozeß – finden. Besteht daher irgendeine Möglichkeit, daß die beiden Prozesse miteinander verbunden sind? Einige Physiker glauben dies.

Kausalität und Teleologie

Das größte Hindernis bei der Errichtung eines Bewußtseinsmodells liegt in der falschen Annahme, die sowohl der Neurophysiologie als auch der Quantenphysik zugrunde liegt. Dies betrifft die Veränderung der wissenschaftlichen Weltsicht von der »Kausalität« hin zu einem mehr holographischen oder »teleologischen« Ansatz. Webster definiert »Teleologie« als »den Glauben, daß natürliche Phänomene nicht nur durch mechanische Ursachen bestimmt werden, sondern durch ein alles umfassendes Muster in der Natur«. In der klassischen Physik wurden die teleologischen Aspekte eines Systems praktisch ignoriert. Im Jahre 1958 sagte der Vater der allgemeinen Systemtheorie, Ludwig von Bertalanffy: »Das einzige Ziel der Wissenschaft schien analytisch zu sein, das heißt, die Aufspaltung der Realität in kleinere Einheiten und die Isolation individueller Kausalzusammenhänge. Daher wurde die physikalische Realität in Massepunkte oder Atome aufgeteilt, die lebenden Organismen in Zellen, Verhalten in Reflexe, Wahrnehmungen in punktuelle Empfindungen usw. Entsprechend war die Kausalität im Grunde genommen eine Einbahnstraße. In Newtons Mechanik zieht eine Sonne einen Planeten an, ein Gen im befruchteten Ei produziert die einen oder anderen vererbten Charaktermerkmale, eine Bakterie verursacht diese oder jene Krankheit, geistige Elemente werden aneinandergereiht wie die Perlen in einer Perlenkette, indem das Gesetz der Assoziation angewendet wird.«[9]

Die teleologische Sicht der Natur verbreitet sich nur langsam. Mit dem Entstehen der Quantentheorie hat sich das Schema von isolierbaren Einheiten, die in einer einseitigen Kausalität agieren, als unbefriedigend erwiesen. Von Bertalanffy weist darauf hin, daß die Erkenntnisse der Teleologie und der Zielgerichtetheit von den Physikern nur zögernd angenommen werden, da sie früher außerhalb des Bereichs der Wissenschaft zu liegen schienen. Außerdem besteht allgemein das Vorurteil, daß solche Ansichten »der Spielplatz für mysteriöse, übernatürliche oder anthropomorphische Kräfte sind …«[9] Auch hier begegnen sich Wissenschaft und Mystik.

Die Felder des Lebens

Auf dem Gebiet der Biologie macht sich dieser Übergang langsam bemerkbar. Orthodoxe Wissenschaftler haben immer daran festgehalten, daß der DNA-Code alle Informationen enthält, die dafür notwendig sind, biologische Systeme zu formen und zu organisieren. In seinem Werk *The Fields of Life* schlägt Dr. Harald Saxton Burr von der Yale-Universität für Medizin einen mehr teleologischen Ansatz vor und unterbreitet eine ausgezeichnete Studie über die elektrodynamischen Felder, welche die Struktur von lebenden Einheiten oder L-Feldern organisieren.

Eine andere Analogie besteht zwischen dem Quantenpotential und biologischen Organismen. Die moderne Biologie kann sich beispielsweise nicht erklären, wie bei einem Salamanderembryo die Längsachse des Schwanzes entsteht. In frühen Entwicklungsstadien zeigen die Zellen, die schließlich zu einem Teil des Schwanzes werden, keine offensichtliche Spezialisierung. Wenn man die Zellen experimentell umordnet, sogar so, daß man ihre letztendliche Bestimmung verändert, verändert sich die Längsachse trotzdem nicht. Schädelzellen werden zu Schwanzzellen; rechte Zellen werden zu linken Zellen – wobei der Wachstumsprozeß nur wenig gestört wird. In gewisser Weise ist der Zustand der bildenden Zellen des Wachstumssystems bestimmt, und ihr Verhalten und ihre Orientierung sind kontrolliert. Obwohl keine Interaktion stattfindet, die Information übermittelt, und die Zellen ursprünglich nicht zu unterscheiden sind (so ununterscheidbar, könnte man sagen, wie die Teilchen in dem Doppelspaltexperiment), prägen sie sich in einem scheinbar kollektiven Verhalten selbst.

Schon vor langer Zeit hat der deutsche Biologe Hans Driesch darauf hingewiesen, daß das Schicksal einer jeden Gruppe von Zellen in einem Embryo nicht nur genetisch konditioniert, sondern auch das Ergebnis der Position dieser Zellgruppe im biologischen Ganzen ist. Driesch nannte den Mechanismus, durch den die Position bestimmte zelluläre Wirkungen bestimmt, »Entelechie« und beschrieb ein extrabiologisches Leitprinzip, das dem Quantenpotential ähnlich ist.

Burrs Entdeckung der L-Felder entspricht Drieschs Beschreibung der Entelechie und liefert einen funktionierenden teleologischen Mechanismus, der das kollektive Verhalten der Zellen erklärt. Wie Burr sagt: »Man könnte die folgende Theorie formulieren: Das Organisationsmuster eines jeden biologischen Systems wird durch ein komplexes elektrodynamisches Feld geprägt, das im einzelnen durch seine atomaren, physiochemischen Bestandteile bestimmt wird und das Verhalten und die Zielrichtung dieser Bestandteile bestimmt. Dieses Feld ist elektrisch im physikalischen Sinne, und durch seine Eigenschaften setzt es die Einheiten des biologischen Systems in einem charakteristischen Muster in Beziehung zueinander, und es ist in sich selbst das Ergebnis der Existenz dieser Einheiten. Es bestimmt die einzelnen Bestandteile und wird wiederum durch die Einzelteile bestimmt.«[20]

Wie Burr betont, besitzt das elektrodynamische Feld holographische Eigenschaften in Hinsicht darauf, daß das L-Feld das ganze Muster des Organismus enthält. In dem frühen Entwicklungsstadium, wenn die Zellen eines Embryos halbiert werden, entwickelt sich jede Hälfte in einen vollständig ausgebildeten Organismus. Sie haben am Ende nicht nur die vordere und die hintere Hälfte desselben Organismus. So wie die Teilung eines Hologramms zwei vollständige Bilder ergibt, resultiert die Teilung des sich entwickelnden Embryos in zwei identischen Zwillingen. Wie beim Hologramm scheint es, daß jeder winzige Teil des L-Feldes die Blaupause für das Ganze enthält.

Keith Floyd schlägt vor, daß ein »holographisches Bewußtseinsmodell« Gehirnprozesse wie Gedächtnis, Wahrnehmung und Vorstellungskraft erklären könnte. Im Bewußtsein ist ein Rahmen gleich jedem anderen Rahmen. Jede Erinnerung und jede Einzelinformation, die in unserem Geist gespeichert ist, ist unendlich mit jedem anderen Informationsteil verbunden, und zwar in einem »kreativen Muster von reiner und vollkommener Zweideutigkeit«. Floyd vertritt die

55

Ansicht, daß »die Leinwand« des Bewußtseins daher als eine organische Form einer holographischen Platte betrachtet werden kann, die dreidimensionale Wahrnehmungen verarbeitet und Bilder mit gleicher Leichtigkeit rekonstruiert.[36]

Der menschliche Biocomputer

Dies ist vielleicht das Unglaublichste am Bewußtsein. Wenn das organische Hologramm keine dreidimensionalen Wahrnehmungen zu verarbeiten hat, erschafft es seine eigene Realität, die es wahrnimmt oder sich vorstellt. Menschen, die in abgeschlossene Räume gesperrt werden, in denen keine Wahrnehmung möglich ist, beginnen zu halluzinieren und vollständige innere Realitäten zu erschaffen. Wenn der menschliche Geist von der sogenannten physischen Welt abgeschnitten ist, zeigt er die bemerkenswerte Fähigkeit, seine eigene Welt zu erschaffen – Bäume, Menschen, Geräusche, Farben und Gerüche, alles, was John C. Lilly als »wahrgenommene multidimensionale Projektionsräume« bezeichnet.[54] Das gesamte physische Universum ist nicht mehr als das Muster der Neuronenenergie, die in unseren Köpfen arbeitet.

In Hinsicht auf das, was neurophysiologisch in unserem Geist vorgeht, besteht kein Unterschied zwischen vorgestellten multidimensionalen Projektionsräumen und dem, was wir als äußere Realität wahrnehmen. In der Tat ist das Bewußtsein ungefähr 100000mal mehr rezeptiv für Veränderungen in seiner inneren Umgebung als gegenüber seiner äußeren Umgebung, da es nur 100 Millionen sensorische Rezeptoren und ungefähr 10 Trillionen Synapsen im Nervensystem gibt. In bezug auf die beteiligten neurophysiologischen Prozesse ist das Universum in unseren Köpfen nicht nur gleich dem physischen Universum – sondern die innere Umgebung kann auch realer sein. Dies kann sehr wohl der letztendliche Beweis dafür sein, daß alle Welten im Geist bestehen.

Kognitive multidimensionale Projektionsräume

In seinem Buch *The Human Biocomputer* beschreibt John C. Lilly verschiedene Experimente und Beobachtungen, die er während vollständiger sensorischer Deprivation gemacht hat. Wie er erklärt, beginnt der menschliche Geist, seine eigene Umgebung zu erschaffen, wenn das Bewußtsein von allen externen Stimuli abgeschnitten ist. »Man ist sich ›der Stille‹ im Bereich des Hörens bewußt; dies ermöglicht, daß ein neuer Raum entsteht, da Angst oder andere Bedürfnisse auftauchen. Wie mit der ›Dunkelheit und Stille‹ verhält es sich mit der Anwesenheit oder Abwesenheit des Körperbildes.«[52] Langsam begann sich Lillys inneres Selbst mit den weiten Räumen in seinem Inneren wohler zu fühlen. Wie er schreibt, begann sein Geist die Projektionsräume zu erforschen. Als erstes erschuf er einfache Umgebungen, ein einzelnes Geräusch, ein einzelnes Bild. Aber als sich sein Bewußtsein mehr an das neue Territorium gewöhnte, wurden die Projektionen immer komplexer. Schließlich war Lilly in der Lage, vollständige »andere Universen« in seinen vorgestellten multidimensionalen Projektsräumen zu erfahren.

Der Geist besitzt auch die Fähigkeit, seine Umgebung vollständig zu rekonstruieren, da das Gehirn eine unglaubliche Fähigkeit besitzt, Informationen zu speichern. Wie Pieter Van Heerden betont, würde es die unvorstellbare Zahl von dreimal 10^{10} elementaren, binären Nervenimpulsen erfordern, um zu erreichen, daß das Gehirn nur ein Bit (eine Einheit) Information pro Sekunde für ein ganzes Leben lang speichert.[76] Erstaunlicherweise ist das Gehirn dazu fähig, viel mehr Bits als nur eines pro Sekunde zu speichern; auch hier läßt sich dieses Talent nur durch ein holographisches Bewußtseinsmodell erklären. Fotografische Hologramme besitzen eine phantastische Fähigkeit, Information zu speichern (die jederzeit abrufbar ist). Ein Bild nach dem anderen kann auf eine holographische Platte projiziert werden, indem man ganz einfach die Wellenlänge des Lichtes verändert. Jedes Bild behält seine Identität bei und kann wiedergefunden werden, ohne die anderen Bilder zu beeinträchtigen. Tatsächlich hat man mit Erfolg 10 Billionen Bits Information holographisch auf einem Kubikzentimeter gespeichert! Van Heerden geht davon aus, daß ein ähnlicher holographischer Prozeß auch die ungeheure Fähigkeit des Gehirns erklären könnte.

Ein holographisches Modell des Bewußtseins

In gleicher Weise stellt auch der Neurophysiologe Karl H. Pribram die Hypothese von einem holographischen Bewußtseinsmodell auf. Holographische Darstellungen sind unglaublich assoziative Mechanismen. Sie haben die Fähigkeit, betont Pribram, sofort Querverbindungen herzustellen – genau die Eigenschaften, die dem Denkprozeß bei einer Problemlösung beigemessen werden. Wie Pribram vorschlägt, »sind Hologramme die ›Katalysatoren des Denkens‹. Obwohl sie unverändert bleiben, dringen sie in den Gedankenprozeß ein und erleichtern ihn.«[65]

Es gibt Universen in unserem Kopf – Universen, die andere Universen überlagern. Ein Absatz aus den *Upanischaden* stellt diese Tatsache in wunderbarer Weise dar: »Wenn man sich schlafen legt, nimmt man das Material seiner alles enthaltenden Welt, teilt es, baut es auf und träumt durch seine eigene Helligkeit, sein eigenes Licht. Dann wird dieser Mensch durch sich selbst erleuchtet. Es gibt dort keine Wagen, keine Zeitspanne, keine Wege. Aber er projiziert aus sich selbst heraus Wagen, Zeitspannen und Wege. Es gibt dort keine Gnade, keine Annehmlichkeiten, keine Freuden. Aber er projiziert aus sich selbst heraus Gnade, Annehmlichkeiten und Freuden. Es gibt dort keine Wasserbecken, keine Teiche mit Lotusblüten, keine Ströme. Aber er projiziert aus sich selbst heraus Wasserbecken, Teiche mit Lotusblüten und Ströme. Denn er ist ein Schöpfer.«

Interessanterweise weist Keith Floyd darauf hin, daß eine immer größere Anzahl von Neurophysiologen zu der Ansicht gelangen, daß höhere Gehirnfunktionen mit einem optischen System vergleichbar sind und eine Art von Biolumineszenz hervorbringen. Dieses Licht innerhalb unseres Schädels kann diese Erleuchtung aus sich selbst heraus sein, auf die sich die Upanischaden beziehen. Floyd vertritt darüber hinaus die Meinung, daß das Gebiet des Zwischenhirns, das direkt hinter dem optischen Chiasma liegt, der Sitz der neuralen holographischen Platte ist. Die Hypophyse, der Thalamus, der Hypothalamus und die Zirbeldrüse scheinen im besonderen an dem Theater des Bewußtseins beteiligt zu sein. Viele halten die Zirbeldrüse für ein rudimentäres Wahrnehmungsorgan, das teilweise aus lichtempfindlichen Fasern zusammengesetzt ist, ähnlich denen, die in der Retina des Auges gefunden wurden. Dies, so behauptet Floyd, scheint »die Spekulation zu unterstützen, daß sie als das ›Netz‹ von eingeprägter Doppeldeutigkeit dienen könnte, aufgrund dessen Wahrnehmungen konstruiert und Erinnerungen rekonstruiert werden«.[36] Wie zutreffend ist dies, wenn man in Erwägung zieht, daß das erbsengroße Organ im Osten seit langem als das »dritte Auge« oder der mystische Pfad zu spirituellem Bewußtsein bezeichnet wird.

Bei dem Versuch, die Beziehung zwischen den verschiedenen Organen des Gehirns zu bestimmen, stoßen Neurophysiologen auf ein interessantes Problem. Wenn die Zirbeldrüse eine Hauptrolle in bezug auf Gedächtnis und Wahrnehmung spielt, müßte die Entfernung dieser Drüse eine tiefgreifende oder sogar totale Zerstörung dieser Funktionen zur Folge haben. Dies ist jedoch nicht der Fall. Die Entfernung der Zirbeldrüse bei Ratten unterbricht die biologische Uhr des Organismus, aber scheinbar wenig andere Funktionen. Wie Floyd schlußfolgert: »Aufgrund weiterer Erforschungen dieses Vorganges gelangte ich zu der Annahme, daß die Leinwand, die holographische Platte, die ich schon so lange in einem Organ gesucht hatte, tatsächlich eine Funktion eines Bereiches anstatt eines Organes sein könnte. Allmählich schien es so, daß die Zirbeldrüse den Mittelpunkt im Zentrum eines neuralen Energiefeldes besetzt, den Punkt, wo das Licht ausbricht, das als die ›Leinwand‹ des Bewußtseins erfahren wird, auf der wechselnde Figur-Hintergrund-Beziehungen die äußere Realität repräsentieren.« Daher kommt Floyd zu dem Schluß, daß Bewußtsein nicht so sehr ein Organ beinhaltet oder eine Gruppe von Organen, sondern vielmehr die Interaktion von Energiefeldern im Gehirn darstellt.[36]

Die Verbundenheit aller Bereiche des Gehirns auf einer Leinwand des Bewußtseins enthüllt verblüffende Feldqualitäten, die sowohl der Beziehung zwischen Schädelzellen und

Schwanzzellen bei einem Salamanderembryo ähneln als auch der Beziehung zwischen zwei ununterscheidbaren Partikelchen beim Doppelspaltexperiment. Wir können vermuten, daß hier das Geheimnis der Beziehung zwischen Geist und Materie verborgen liegt. Wie Dr. Burr es ausdrückt: »In der letzten Analyse ist das Universum eine Einheit, deren Teile mit dem Ganzen des Universums verbunden sind, und notwendigerweise besteht zwischen dem Ganzen des Universums und den Aktivitäten seiner individuellen Bestandteile eine Beziehung. Aus Einsteins Theorie geht hervor – auch wenn sie sich schließlich unter Berücksichtigung des Gravitationsgesetzes nicht als vollständig gültig erwies –, daß ein Kennzeichen des Universums Felder sind, die mit Instrumenten gemessen werden können. Es macht keinen Unterschied, ob Sie dies ein elektrostatisches, ein elektromagnetisches oder ein elektrodynamisches Feld nennen. Der Name ist immer eine Folge der Methoden, die bei der Forschung angewendet werden. Mit anderen Worten, es gibt ein vereinigendes Charakeristikum des Universums, das wir ignoriert haben, und das sind seine Feldeigenschaften.«[20]

Die Physiker Bohm und Hiley betonen die gleichen teleologischen Aspekte, welche die Organisation von Materie beherrschen, die Burr bei seinen L-Feldern darlegt. Sie behaupten: »Jeder Versuch, die unabhängige Existenz eines Teils zu beweisen, würde seine ungeteilte Ganzheit leugnen ... Dies bedeutet nicht unbedingt, daß Subsysteme räumlich immer kleiner (oder in kleineren Bereichen lokalisiert) sind als das System als Ganzes. Vielmehr wird ein Subsystem durch seine relative Stabilität und die Möglichkeit seiner Verhaltensunabhängigkeit in dem begrenzten Kontext, der hier zur Diskussion steht, charakterisiert.«[16]

Die Bootstrap-Theorie

Der Umschwung von einem kausalen zu einem teleologischen Universum, die bewiesene wechselseitige Abhängigkeit aller Teile, die das Ganze enthält, Burrs Spekulation, daß Gravitation das Hauptfeld sein muß, das die Organisation aller Phänomene bestimmt – all dies sind Ansichten, die den

Kenntnissen der klassischen Physik vollständig entgegenlaufen. Im Jahre 1968 brachte der Philosoph Geoffrey Chew eine radikale Abkehr von der Weltsicht zum Ausdruck, die er als »Bootstrap-Philosophie« bezeichnete. Das Universum scheint sich mit Hilfe von »Bootstraps« (Stiefelstrippen) zu heben, um es mit seinen Worten auszudrücken. Die Bootstrap-Philosophie lehnt eine mechanistische Weltsicht wie die von Newton endgültig ab. Wir können die Welt nicht mehr länger als etwas betrachten, das aus fundamentalen Einheiten mit fundamentalen Eigenschaften besteht. Das Universum kann nicht mehr als eine Ansammlung von unabhängigen Teilen wie die Pinselstriche in einem impressionistischen Gemälde verstanden werden. Es ist ein Hologramm, ein dynamisches Netz von wechselseitig verbundenen Ereignissen, wobei jeder Teil des Netzes die Struktur des Ganzen bestimmt.[21]

Eine holographische Vorstellung von Bewußtsein (und tatsächlich eine holographische Sicht des gesamten Universums) ist vielleicht die Weltsicht, bei der sich die Physik der Mystik am stärksten annähern kann, ohne daß beide ihre Identität verlieren. Dies erinnert an die Metapher von Indras Netz, das in der *Avatamasaka Sutra* erwähnt wird, in der das Universum als eine Art kosmisches Netzwerk von sich durchdringenden Dingen und Ereignissen betrachtet wird. Mit den Worten von Sir Charles Eliot: »Im Himmel der Indra, so heißt es, gibt es ein Netzwerk von Perlen, die so arrangiert sind, daß alle Perlen reflektiert werden, wenn du eine Perle anschaust. In gleicher Weise steht jedes Objekt in der Welt nicht für sich allein, sondern beinhaltet jedes andere Objekt und ist in der Tat jedes andere Objekt. ›In jedem Staubkörnchen sind ungezählte Buddhas vorhanden.‹«[32]

Die realitätsstrukturierende Instanz

Der Wert einer holographischen Sicht des Bewußtseins kann folgendermaßen zusammengefaßt werden: Erstens ersetzt eine holographische Sicht des Bewußtseins die Ansicht der Verhaltensforscher, daß unser gesamtes geistiges Verhalten hinsichtlich Stimulus und Reaktion interpretiert werden kann. Unsere Gedankenprozesse sind dahingehend holographisch, daß alle Gedanken unendlich in einer wechselseitigen Beziehung mit allen anderen Gedanken stehen. Der Informationsspeicher im Gehirn ist ein unglaublich komplexer Prozeß. Wir dürfen ihn uns nicht als alphabetische Reihenfolge vorstellen; denn ansonsten müßten wir uns jedesmal, wenn jemand beispielsweise das Wort »Ozean« erwähnt, mühselig durch alle Assoziationen arbeiten, die wir mit dem Wort »Ozean« jemals verbunden haben. Aber wir stellen fest, daß wir nicht den ganzen Speicher in einem zeitraubenden Prozeß durchkämmen müssen. Irgendwie trifft das Wort »Ozean« sofort gleichzeitig auf alle die Gedanken und Erinnerungen, um die Assoziationen auszulösen, nach denen wir suchen. Dies ist der Schlüssel zur Kreativität, nämlich daß jeder Gedanke in jedem anderen Gedanken enthalten ist, wie die Perlen in Indras Netz oder wie die Buddhas, die in den Buddhas und wieder in den Buddhas enthalten sind. Unsere Gedanken sind wie chinesische Puppen. Jeder Gedanke enthält jeden anderen Gedanken, und nur eine holographische Sicht des Bewußtseins kann uns eine geeignete Metapher für einen solch unvorstellbaren Prozeß liefern.

Der zweite Aspekt einer holographischen Sicht des Bewußtseins sind die Konsequenzen, die diese in bezug auf Bewußtsein als Feld hat. Wenn Bewußtsein ein Feld ist und nur eine Vibration im Kontinuum der Felder, die Materie organisieren, haben wir eine Erklärung für die Interaktion zwischen Geist und Materie. Der Physiker Jack Sarfatti bringt diese Sicht wie Burr zum Ausdruck und stellt die Hypothese auf, daß Gravitation das Hauptfeld des Universums ist. Gravitationsfelder sind verantwortlich für die teleologischen Eigenschaften des Bewußtseins und der Materie. Sarfatti schreibt dazu: »Jede Art von Schwerkraft ist verantwortlich für ein besonderes Spektrum der Organisation von Materie. Eine Art von Schwerkraft beispielsweise verursacht die nuklearen Kräfte, die den Atomkern organisieren. Eine andere Art von Schwerkraft ist verantwortlich für die Organisation von Materie in Form von Elektronen. Wieder eine andere Art von Schwerkraft organisiert Atome und Moleküle. Eine Schwerkraft von besonderem Interesse ist die Bioschwerkraft (von der es einige Unterabteilungen gibt), die verantwortlich für die Organisation lebender Systeme ist. Es gibt noch andere Arten von Schwerkraft, die Materie in größerem Ausmaß von Raum und Zeit organisieren (wie zum Beispiel Galaxien).«[68]

Aus Sarfattis Postulat, daß das Bewußtsein das Biogravitationsfeld kontrolliert, folgt sofort die Möglichkeit der Psychokinese. Dieses Feld, das Biogravitationsfeld des Bewußtseins, kann mit allen anderen Resonanzen (Organisationsebenen) interagieren, wie dem Gravitationsfeld von Einstein und sogar den atomaren und nuklearen Feldern, die die Struktur der Materie beherrschen. Ein solches kosmisches »Bootstrapping-Bild« von Geist und Realität liefert eine physikalische Erklärung für das, was wir Realitätsstrukturierung nennen könnten – den Teil des Bewußtseins, der bestimmte Menschen in die Lage versetzt, die vermeintlichen Gesetze der Physik zu überwinden.

Felder in Feldern in Feldern

Das Bewußtseinsfeld könnte innerhalb desselben Kontinuums bestehen wie das Feld, das die Illusion vom Quantenpotential erzeugt. Die Interaktion beider Felder würde mit größter Sicherheit erklären, wie der Geist des Teilnehmers beeinflussen kann, wo ein Teilchen bei dem Doppelspaltexperiment auftreffen wird. Das Hologramm des Bewußtseins ist ein Biogravitationsfeld, und das Hologramm der Materie ist ein Gravitationsfeld (über das Hologramm der Materie wird im nächsten Kapitel noch mehr gesagt). Materie und Bewußtsein sind ein Kontinuum. Burrs Behauptung, daß das L-Feld seine Bestandteile bestimmt und wiederum von ihnen bestimmt wird, und Wheelers Ansicht, daß das Universum durch die Teilnahme derjenigen, die in ihm leben, erschaffen wird, sind Beobachtungen über die teleologischen Aspekte der Realität an sich. In diesem Licht werden der Geist und das Universum zu einem immensen vorgestellten multidimensionalen Projektionsraum – oder ganz einfach Felder in Feldern in Feldern.

Sie träumen, daß Sie mit einem Mann und einer Frau am Tisch sitzen. Wo ist Ihr Bewußtsein? Sie können träumen, daß es in dem Kopf dessen ist, der träumt. Sie können träumen, daß es in dem Kopf des Mannes ist. Sie können träumen, daß es in dem Kopf der Frau ist. Sie können träumen, daß es im Tisch ist. Wo ist Ihr Bewußtsein?

Nehmen Sie ein Hologramm von 7,5 × 15 Zentimeter, in dem eine Rose abgebildet ist. Wo ist das Bild von der Rose auf der Platte?

Wenn Materie und Bewußtsein beide Gravitationsfelder sind, sind sie wie verschiedene Wellen im gleichen Teich. Das Universum ist wie die holographische Platte. Der Geist ist wie das Bild von der Rose. Ein Kieselstein, der in irgendeinen Teil des Teiches geworfen wird, wird den ganzen Teich beeinflussen. Was im Bewußtsein vor sich geht, beeinflußt das ganze Universum.

2. TEIL
DIE STRUKTUR VON RAUM UND ZEIT

Der Mangel an Bestimmtheit, der, vom Standpunkt der empirischen Bedeutung aus betrachtet, der Vorstellung von Zeit in der klassischen Mechanik anhaftet, wurde durch die axiomatischen Darstellungen von Zeit und Raum verschleiert, da die Dinge unabhängig von den Sinnesorganen dargestellt sind. Dieser Gebrauch unserer Kenntnisse – unabhängig von der empirischen Basis, der sie ihre Existenz verdanken – fügt der Wissenschaft nicht unbedingt Schaden zu. Man kann jedoch sehr leicht in den Irrtum verfallen zu glauben, daß diese Kenntnisse, deren Ursprung vergessen ist, notwendige und unveränderliche Begleiterscheinungen unseres Denkens sind, und dieser Irrtum kann sich als ernstliche Gefahr für den Fortschritt der Wissenschaft erweisen.

ALBERT EINSTEIN:
Aus meinen späten Jahren

DRITTES KAPITEL
Superraum

Ein Baum, ein Tisch, eine Wolke, ein Stein – all dies wird von der Wissenschaft des 20. Jahrhunderts in eine gleichermaßen festgelegte Sache aufgelöst: Eine Anhäufung von herumwirbelnden Partikelwellen, die den Gesetzen der Quantenphysik gehorchen. Das heißt, alle Objekte, die wir beobachten können, sind dreidimensionale Bilder, die durch elektromagnetische und nukleare Vorgänge aus stehenden und sich bewegenden Wellen gebildet werden. Alle Objekte unserer Welt sind 3D-Bilder, die auf diese Weise elektromagnetisch erzeugt werden, wenn Sie so wollen, Superhologrammbilder.

CHARLES MUSES und ARTHUR YOUNG:
Consciousness and Reality

Feuerläufer

Am 19. Juli 1967 besuchte der ehemalige Direktor des Außenhandelsministeriums und Assistent des Wirtschaftsministers Arthur Paul ein kleines Fischerdorf in Tamil, 70 Meilen nördlich von Colombo, Ceylon (das heutige Sri Lanka). Er war von dem lokalen Parlamentsabgeordneten eingeladen worden, Zeuge bei der traditionellen jährlichen Feuerlaufzeremonie zu sein.

Die Zeremonie fand vor einem alten Hindutempel statt. Eine Grube von 4,50 Meter Länge und 1,50 Meter Breite war vor dem Tempel vorbereitet und mit glühenden Kohlen gefüllt worden. Die Menschen, die für den Bau der Grube verantwortlich waren, begossen sich ständig mit Wasser, um sich abzukühlen, damit sie nahe beim Feuer arbeiten konnten. Wie Paul berichtet, saß er in einer Entfernung von sechs bis neun Metern von der Grube und konnte die große Hitze immer noch spüren. Paul erzählt, daß die Feuerläufer sich mit einem zeremoniellen Bad in einem See, ungefähr eineinhalb Kilometer von dem Tempel entfernt, vorbereiteten. Sie warteten, bis sich eine Menge von ungefähr 300 Menschen versammelt hatte. Als die Menge immer aufgeregter wurde, stieg der Hohepriester, der einen eindrucksvollen Kopfputz trug, in die Grube.

Langsam und bedächtig ging er über die glühenden Kohlen, wobei er nicht das geringste Anzeichen von Schmerz zeigte. Ihm folgten 15 oder 20 gläubige Tamilen. Einige trugen ihre Babys auf dem Arm. Einige trugen ihre Kinder bei sich.

Zwei kleine Jungen sprangen aus den rotglühenden Kohlen, unfähig, durch sie hindurchzugehen, aber zwei kleine Mädchen, die nicht älter als elf oder zwölf Jahre waren, durchschritten die ganze Grube unverletzt. Einige der Feuerläufer gingen zwei- und sogar dreimal über die Kohlen. Am Schluß des jährlichen Rituals mimte der Hohepriester seinen üblichen »Ohnmachtsanfall« und wurde zum Tempel zurückgetragen. Die Zeremonie war vorbei.

Paul schrieb in seinem Bericht: »Der Weg, der zu der Grube führte, war durch die Duschen der Arbeiter, die die glühenden Kohlen vorbereitet hatten, naß geworden. Deshalb ist es möglich, daß an den Füßen der Feuerläufer etwas feuchter Schlamm klebte, bevor sie durch die Kohlen gingen, und daß etwas Sand aus dem Meer an ihren Füßen klebte. Aber die Kohlen waren so extrem heiß, daß mir das keine Erklärung für die Fähigkeit dieser Menschen zu sein scheint; in der Tat konnte ich keine normale, rationale Erklärung für das finden, was ich beobachtet hatte.«[57]

Das Phänomen des Feuerlaufens bleibt eines der am meisten dokumentierten und rätselhaftesten Beispiele davon, wie das Bewußtsein die Realität beeinflußt. Alle Versuche, dieses Phänomen im Rahmen der klassischen Physik zu erklären, haben sich bisher als erfolglos erwiesen und unterstreichen es nur als eine Unvereinbarkeit, eine leuchtende Irrealität in der Maya unserer klassischen Vorstellung von Raum und Zeit und Kausalität.

Im Jahre 1935 führte die englische Gesellschaft für parapsychologische Forschung in Surrey, England, eine Reihe von Experimenten mit zwei indischen Fakiren durch. Sowohl Physiker als auch Psychologen aus Oxford waren anwesend, um deren Fähigkeiten des Feuerlaufens zu bezeugen. Die Fakire zeigten, daß sie in der Lage waren, über rotglühende Kohlen zu laufen, deren Oberflächentemperatur bei 450 bis 500 Grad Celsius und deren innere Temperaturen 1400 Grad Celsius erreichten. Die Fakire wiederholten ihren Feuerlauf ohne chemische Hilfsmittel und anderweitige Vorbereitungen, und ihr Fleisch nahm dabei keinerlei Schaden. Am Schluß der verblüffenden Darbietung teilte einer der Fakire einem der ungläubigen Psychologen mit, daß auch er unverletzt über das Feuer laufen könnte, wenn er ihn dabei ganz einfach an der Hand nehmen würde. Der Psychologe zog tapfer seine Schuhe aus, und Hand in Hand gingen die beiden unverletzt über das Feuer.[38]

Innerhalb des orthodoxen Rahmens bleiben Phänomene wie Feuerlaufen unerklärt. Selbst wenn man akzeptiert, daß alle Systeme zufällig und nicht kausal sind, bleibt die Lage der Dinge doch recht sonderbar. Wenn die Gesetze der Physik statistische Finten sind, kann man doch nur sehr schwer akzeptieren, daß Feuerlaufen eines dieser einmal in einer Million auftretenden Ereignisse ist. Unter einem strengen Gesichtspunkt von Ursache und Wirkung brennt Feuer. Unter einem zufälligen Aspekt von Ursache und Wirkung besteht eine sehr hohe Wahrscheinlichkeit, daß Feuer brennt, und dann ist Feuerlaufen ein verrückter Zufall. Aber die Tatsache, daß dieser Zufall in Tamil jährlich stattfindet, ist ein deutliches Anzeichen dafür, daß irgendeine menschliche Instanz an diesen Statistiken mitwirken muß.

Feuer oder Hitze ist eine Form von Energie, deren Effekt durch eine beschleunigte Schwingung von Molekülen hervorgerufen wird. Wenn das menschliche Bewußtsein an der Materie teilnimmt, ist es nicht zu früh, die Hypothese aufzustellen, daß das Bewußtsein des Hohenpriesters der Tamilen in irgendeiner Weise in die beschleunigte Vibration der Moleküle eingreift und den normalen Prozeß, daß Feuer brennt, ausschaltet. Diese Fähigkeit, die Realität zu strukturieren, ist Sarfattis Vorschlag sehr ähnlich, daß das zufällige Verhalten von Partikelchen bei der Brownschen Bewegung mit der Willensaktivität des Forschers verbunden werden kann. Wie bereits früher erwähnt, ist eine mögliche Erklärung für die Strukturierung der Realität, daß das Bewußtsein ein Biogravitationsfeld herstellen kann, das in Interaktion mit dem Gravitationsfeld, welches die Materie bestimmt, steht und dieses verändern kann. Der Zweck dieses Kapitels besteht darin, die Struktur der Materie zu untersuchen, wie sie von der neuen Physik dargelegt wird. Dabei soll versucht werden, zu verstehen, in welchem Ausmaß das Bewußtsein in der Lage sein könnte, das physische Universum zu beeinflussen.

Die Welt des sehr Kleinen

Die mechanistische Sicht des Universums, so wie sie von den newtonschen Physikern vorgeschlagen wurde, basierte auf der Erkenntnis, daß die Realität im wesentlichen aus zwei Dingen besteht: festen Körpern und leerem Raum. Im Bereich des Alltagslebens ist diese Erkenntnis immer noch gültig. Die Konzepte des leeren Raumes und fester, materieller Körper sind ein grundlegender Bestandteil dessen, wie wir über die physische Welt denken und mit ihr umgehen. Der Bereich des Alltagslebens kann daher als eine »Zone mittlerer Dimensionen« oder der Bereich unserer täglichen Erfahrung bezeichnet werden, in dem sich die klassische Physik weiterhin als nützliche Theorie erweist. Infolgedessen ist es für uns sehr schwierig, uns ein Bild von der Realität vorzustellen, in dem Festkörper und leerer Raum ihre Bedeutung verlieren. Im Licht der Erkenntnisse von Einstein ist jedoch genau dies geschehen und wurde die Vorstellung von Festkörpern durch die Forschungen der Quantentheorie praktisch zerstört.

Seit frühesten Zeiten der griechischen Atomphysiker bestand das orthodoxe Verständnis der Materie darin, daß sie aus Elementarbausteinen oder Atomen zusammengesetzt ist, wie es etwa in den Schriften von Demokrit und Leucippus heißt. Genau das, was diese Atome sind, wurde zum Heiligen Gral der Physiker. Wenn man einen Berg in seine Einzelteile zerlegt, wird man feststellen, daß er aus vielen Felsen besteht. Wenn man einen Felsen zerteilt, wird man herausfinden, daß er aus vielen Sandkörnern besteht. Wenn man diese Sandkörner nun weiter teilt, sollte man logischerweise am

Schluß einen dieser Elementarbausteine erhalten. Dies war die Argumentation der Physiker.

Es gelang der Wissenschaft jedoch erst an der Wende unseres Jahrhunderts, einen ersten Blick in die Struktur des Atoms zu werfen. Mit der Entdeckung der Röntgenstrahlen wurde buchstäblich ein Fenster in die Welt der kleinsten Teilchen geschaffen. Bald wurden andere Strahlen entdeckt, beispielsweise solche, die von radioaktivem Material abgestrahlt werden. Das Phänomen der Radioaktivität lieferte einen positiven Beweis dafür, daß Atome nicht die Elementarbausteine der Materie sind, sondern Zusammensetzungen, die aus noch kleineren Teilchen bestehen. Die Aufgabe des Wissenschaftlers bestand nun darin, Wege aufzuzeigen, wie man die neuentdeckten Strahlen als Werkzeuge benützen kann, um in die Geheimnisse des Atoms einzudringen. Physiker wie Max von Laue benutzten Röntgenstrahlen, um die Strukturen von Atomen in Kristallen zu erforschen; Ernest Rutherford fand heraus, daß winzige Partikelchen, die von radioaktiven Substanzen abgegeben werden, oder Alphapartikel bei der Analyse der Bausteine der Materie ebenso hilfreich waren wie das Skalpell eines Arztes.

Als Rutherford das Atom mit Alphapartikeln mit hoher Geschwindigkeit beschoß, machte er eine völlig unerwartete Entdeckung. Weit entfernt von den festen und physischen Teilchen, für die man Atome seit dem fünften Jahrhundert vor Christus gehalten hatte, stellte sich heraus, daß Atome weite, leere Räume enthalten, in denen unglaublich kleine Partikel – Elektronen – um einen Atomkern kreisen. Tatsächlich sind Atome so unvorstellbar klein, daß wir ihre Struktur nur sehr schwer begreifen können, ohne auf geistige Bilder zurückzugreifen. Wenn beispielsweise ein Baseball die Größe der Erde hätte, könnte man die Atome, die er enthält, als ungefähr so groß wie Kirschen erkennen. Es würde so aussehen, als ob Trillionen über Trillionen von Kirschen in einen Mammutraum eingeschlossen worden wären. Bemerkenswert ist, daß wir nicht einmal, wenn wir ein Atom von der Größe einer Kirsche hätten, in der Lage wären, mit bloßem Auge seinen Atomkern zu sehen. Wenn wir das Atom zur Größe eines Basketballes aufblasen würden oder es so vergrößern würden, daß es einen ganzen Raum ausfüllt, wäre der Atomkern immer noch zu klein, um ihn erkennen zu können. Wenn wir das Atom immer weiter vergrößern würden, bis es so groß wäre wie der Sankt-Peters-Dom in Rom (der größte Dom der Welt), hätte der Atomkern nur die Größe eines Salzkorns.

Die Entdeckung, daß Materie hauptsächlich aus leerem Raum besteht, ist nur die erste von vielen Entdeckungen, die die Erkenntnisse der Physiker über Festkörper auf atomarer Ebene zerstört haben. Mit der Entdeckung von Heisenbergs Unschärferelation und Quantentheorie konnte die feste Welt der Materie nicht mehr die gleiche bleiben. Rutherfords Experimente zeigten, daß Materie hauptsächlich aus weiten, leeren Räumen besteht. Die Entdeckungen von Heisenberg und den Quantenphysikern liefen darauf hinaus, daß die Bausteine der Atome selbst – Elektronen, Protonen, Neutronen und eine Unmenge anderer subatomarer Teilchen – nicht einmal die Eigenschaften anderer physikalischer Objekte zeigten. Subatomare Materieteilchen verhalten sich ganz einfach nicht so wie feste Teilchen. Statt dessen erscheinen sie wie abstrakte Körper.

Wellen und Teilchen

Abhängig davon, wie wir es betrachten, zeigt ein subatomares Teilchen sowohl die Eigenschaften eines Teilchens als auch die einer Welle.

Welle　　　　　　　　　　　　　Teilchen

Abbildung 7

Wenn diese Teilchen sich wie Teilchen verhalten, verhalten sie sich so, als wären sie in einen sehr kleinen Raum gepackt, so ähnlich wie grober Schrot. Wenn sie sich wie Wellen verhalten, scheinen sie über große Räume verteilt zu sein. Was soll der Physiker nun tun? Ist es möglich, daß die fundamentalen

Bausteine des Atoms etwas sind, das weder unserer Sprache noch unserer Vorstellung zugänglich ist? Heisenberg beschrieb den Schock der Physiker in seinen Memoiren wie folgt: »Ich erinnere mich an Diskussionen mit Bohr, die viele Stunden bis spätnachts andauerten und meistens in Verzweiflung endeten; und wenn ich am Schluß der Diskussion alleine in den benachbarten Park ging, um einen Spaziergang zu machen, stellte ich mir selbst immer und immer wieder die Frage: Könnte die Natur möglicherweise so absurd sein, wie sie uns bei diesen atomaren Experimenten erscheint?«[(41)]

Die Grenzen unserer Sprache

In dem Versuch, eine Realität zu verstehen, die sich nicht leicht in Worte fassen läßt, schlug Heisenberg vor, daß der Physiker die komplementäre Natur oder den paradoxen Aspekt subatomarer Teilchen ganz einfach akzeptieren und als Welle und Teilchen gleichzeitig betrachten sollte – Teilchen, die nur anhand von Konzepten erklärt werden können, die in einer wechselseitigen Verbindung stehen und nicht konkret und gleichzeitig definiert werden können. Damit machte Heisenberg eine Aussage, die ebensosehr der Mystik angehört wie der neuen Physik. Das heißt, die letztendliche Natur der Realität liegt jenseits der verbalen Beschreibung. Die größte Übereinstimmung der Mystik und der neuen Physik besteht darin, daß beide auf die Unzulänglichkeit der Sprache hinweisen.

Immer wieder bestimmen die Grenzen unserer Sprache auch die Grenzen unseres Verständnisses des Universums. Die Ununterscheidbarkeit subatomarer Teilchen hebt noch eine weitere Schwäche unseres sprachlichen Versuchs, die Realität zu verstehen, hervor. Beispielsweise sind alle Elektronen exakt gleich. Es ist so, als ob sie alle Spiegelbilder voneinander wären; es gibt keine Möglichkeit, zwei Elektronen voneinander zu unterscheiden. Für die Physiker hat es deshalb dieselbe Bedeutung, wenn man sagt, daß zwei Elektronen »gleich« sind, wie wenn man sagt, daß sie »verschieden« sind. In seinen Briefen an Maurice Solvine (Paris, 1956) stellt Einstein dieses Problem sehr deutlich dar: »Konzepte können niemals als logische Ableitungen von sinnlichen Wahrnehmungen betrachtet werden. Aber didaktische und heuristische Themen machen eine solche Aussage unvermeidbar. Die Moral ist: Es ist unmöglich, irgendwohin zu gelangen, ohne gegen die Vernunft zu handeln: Mit anderen Worten, man kann kein Haus oder keine Brücke bauen, ohne ein Gerüst zu errichten, das natürlich kein Teil der Struktur ist.«[68] Die Zenbuddhisten sagen, daß ein Finger notwendig ist, um auf den Mond zu deuten, aber wir sollten uns nicht mit dem Finger verwechseln, wenn wir den Mond erst einmal erkannt haben. Der Finger ist ein Gerüst, um den Mond zu begreifen. Die Worte »Partikel« und »Welle« sowie »gleich« und »verschieden« sind auch Gerüste, um die Natur der Materie zu verstehen. Wir können vermuten, daß alle Worte Gerüste sind, und in diesem Sinne versuchen, ihre Grenzen zu überschreiten. Das sind notwendige Zuwiderhandlungen gegen die Vernunft.

Sowohl für den Physiker als auch für den Mystiker ist es immer schwieriger geworden, sich der Grenzen des Begriffsvermögens bewußt zu werden. In der Tat scheint dies weitgehend die Absicht solch kristalliner Zweige der Mystik wie Zen und Taoismus zu sein – nicht so sehr, Informationen zu geben, als vielmehr die Grenzen unserer symbolischen Methoden, Informationen zu handhaben, zu enthüllen. Mit anderen Worten, wir sollten immer erkennen, daß unsere Darstellung der Realität leichter zu begreifen sein kann als die Realität an sich, aber daß wir die beiden nicht miteinander verwechseln sollten. Dies scheint auch gemeint zu sein, wenn der taoistische Weise Chuang Tzu sagt: »Fischerkörbe werden verwendet, um Fische zu fangen; aber wenn die Fische gefangen sind, vergessen die Menschen die Körbe. Fallen werden dazu verwendet, Kaninchen zu fangen; aber wenn die Kaninchen gefangen sind, vergessen die Menschen die Fallen. Worte werden verwendet, um Ideen zu übermitteln, aber wenn die Ideen erst einmal begriffen sind, vergessen die Menschen die Worte.«[75] Heisenberg meinte: »Jedes Wort oder Konzept, so klar es auch erscheinen mag, ist nur in einem begrenzten Rahmen anwendbar.«[41]

Quanten

Gegen Ende des 19. Jahrhunderts entdeckte Max Planck ein Phänomen, das dem komplementären Verhalten subatomarer Partikel ähnlich ist. Er stellte fest, daß die Energie von Hitzestrahlung nicht kontinuierlich abgegeben wird, sondern in Form von getrennten Einheiten oder Energiepaketen. Einstein nannte diese Strahleneinheiten »Quanten« und gab damit der Quantentheorie ihren Namen. Einstein nahm darüber hinaus an, daß alle Formen von Strahlung, einschließlich Licht, in Form von Wellen oder Quanten behandelt werden können. In der Tat entdeckte man bald, daß Licht das Verhalten von Partikeln oder »Photonen« zeigte und in unregelmäßigen Quanten abgegeben wird. Jedoch besitzen Photonen anders als Elektronen keine Masse und haben immer Lichtgeschwindigkeit.

Die gleiche duale Natur von Teilchen und Welle bei einem Elektron führt zu interessanten Problemen, wenn wir versuchen, diese rätselhaften, kleinen Kreaturen zu untersuchen. Wenn wir sagen, daß wir wissen, wo sich ein Elektron in einem Atom befindet, ist das nicht dasselbe wie das Wissen, wo sich ein Planet in seiner Umlaufbahn um die Sonne befindet. Um einen klassischen Orbit zu beschreiben, müßte das Elektron in jedem Fall einen festen Wert für seine exakte Position und seine genaue Geschwindigkeit zum gleichen Zeitpunkt besitzen. Wie jedoch Heisenbergs Unschärferelation zeigt, stört jede Messung, die angestellt wird, um den Orbit eines Elektrons zu verfolgen, so sehr, daß wir nicht immer feststellen könnten, welchen Orbit es beschreibt. Es gibt keine Möglichkeit vorherzusagen, ob Elektronen im Atom einen Orbit beschreiben, und es gibt keinen Grund zu glauben, daß sie dies tun. Noch einmal, die Schwierigkeit liegt in der Messung. Selbst wenn wir glauben, daß wir die Position eines Elektrons exakt ausgemacht haben, könnte es uns jedoch zum Narren halten und sich ganz woanders aufhalten. Der Grund dafür besteht darin, daß sich Elektronen nicht nur wie Partikel verhalten. Manchmal scheinen sie sich in einem kleinen Raum aufzuhalten, und manchmal sind sie über einen viel größeren Raum verteilt. Elektronen existieren nicht in derselben Weise, wie Gegenstände existieren. Sie zeigen nur »Tendenzen zu existieren«, und selbst wenn wir eine genaue Messung der Position eines Elektrons vorgenommen haben, mißt diese nur eine sehr hohe Wahrscheinlichkeit, dieses Elektron dort aufzufinden. Dies ist nicht die Schwierigkeit der Messung, sondern liegt in der Natur des Elektrons. Da Elektronen sowohl die Eigenschaften eines Partikels als auch die einer Welle besitzen, kann man nicht sagen, daß sie genau auszumachende geographische Positionen haben. Ein Elektron kann nicht wie ein Blatt oder eine Muschel behandelt werden. Kein Physiker wird jemals ein Elektron »sehen« oder berühren können, da ein Elektron ein Phänomen ist, das wir mit unseren Konzepten und unserer Sprache nicht fassen können. Das Universum ist nicht wundersamer, als wir glauben, sondern es ist wundersamer, als wir uns vorstellen können.

Besteht irgendeine Hoffnung, daß wir einmal darstellen

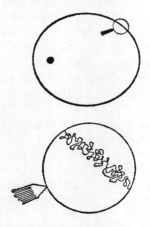

Abbildung 8: Ein Einschluß eines Elektrons, wie es über den Raum »verteilt« erscheinen könnte (aus John A. Wheeler: »Superspace and the Nature of Quantum Geometrodynamics«. In C. DeWitt und J. A. Wheeler, Battelle Rencontres, 1967, Lectures in Mathematics and Physics, W. A. Benjamin: New York, 1968.

können werden, was Quanten sind? Wenn es fundamentale Bausteine der Materie gibt, kann man sicherlich etwas über ihre Natur aussagen. Auf diese Frage antworten die neuen Physiker mit Ja – wir können subatomare Teilchen als abstrakte Einheiten akzeptieren, und wir können etwas über ihre Natur aussagen. Um dies zu tun, müssen wir uns jedoch mit dem vielleicht schwierigsten Konzept von allen beschäftigen, dem Konzept von der Krümmung des Raumes.

Die Krümmung des Raums

Im Jahre 1916 stellte Einstein seine allgemeine Relativitätstheorie vor. Darin behauptete er, daß Raum nicht dreidimensional und Zeit keine separate Einheit ist. Raum und Zeit sind verschiedene Aspekte desselben Etwas, wie Einstein sagt. Sie umfassen ein vierdimensionales Kontinuum, in dem es keinen universellen Zeitfluß gibt, wie in Newtons Sicht des Universums. Verschiedene Beobachter werden die Ereignisse an verschiedenen Zeitpunkten anordnen. Wie sie ihre Zeitsicht anordnen, ist relativ zu ihren Positionen und Geschwindigkeiten in Relation zu den beobachteten Ereignissen. Einsteins größter Beitrag zu unserer Sicht des Universums war seine Behauptung, daß alle Messungen, die Zeit und Raum umfassen, nicht absolut sind. In der allgemeinen Relativitätstheorie wird die klassische Vorstellung von Raum als der Bühne für physische Ereignisse aufgegeben. Sowohl Raum als auch Zeit werden zu Elementen einer Sprache, die der betreffende Beobachter zum Zweck einer Beschreibung des Universums verwendet.

Noch verblüffender war Einsteins Hypothese, daß Raum nicht euklidisch, sondern gekrümmt ist. Gemäß Einstein besitzt die Struktur von Raum-Zeit eine geometrische Eigenschaft oder Krümmung, die sich selbst im Phänomen der Gravitation zeigt. Wir können uns Gravitation als Krümmung vorstellen, indem wir das Bild verwenden, daß Massen wie die Erde auf weiten Gummimatten aufliegen. Eine solche Masse würde in den Gummi einsinken, so wie die Erde tatsächlich in das Muster von Raum und Zeit »einsinkt« *(Abbildung 9)* Sogar Einheiten ohne Masse werden durch die Krümmung

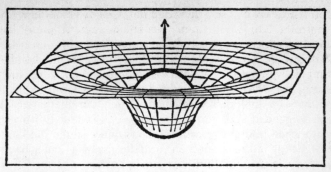

Abbildung 9

beeinflußt – daher werden Lichtstrahlen gesehen, als ob sie dichter in große Planetenkörper »eintauchen« würden, wenn sie sie passieren. Die Krümmung von Raum-Zeit ist schwer vorstellbar, ohne zu glauben, daß Raum und Zeit irgendeine Substanz haben. Aber es ist das Nichts, das gekrümmt ist. Sir Edmund Whittaker machte folgende Beobachtung: »Einsteins Konzept geht davon aus, daß Raum nicht länger eine Bühne ist, auf dem sich das Drama der Physik abspielt: Vielmehr ist er selbst einer der Darsteller; denn die Gravitation, die eine physikalische Eigenschaft ist, wird vollständig durch die Krümmung kontrolliert, welche eine geometrische Eigenschaft des Raums ist.«[83]

Einige Physiker glauben, daß diese Substanz des Nichts der wahre Elementarbaustein der Materie ist. Bereits 1876 stellte W. K. Clifford die Theorie auf, daß Materie nicht mehr als leerer, gekrümmter Raum ist.[38] John A. Wheeler drückte Cliffords Ansicht folgendermaßen aus: »Es gibt nichts in der Welt außer leerem, gekrümmtem Raum. Materie, Ladung, Elektromagnetismus und andere Felder sind nur Manifestationen der Krümmung des Raums. Physik ist Geometrie.«[79]

Der Quantenschaum

Laut Wheeler kann das Nichts des Raums als etwas betrachtet werden, das aus fundamentalen Bausteinen zusammengesetzt ist. Wenn wir es unter dem Mikroskop beobachten könnten, würden wir feststellen, daß das Muster von Raum und Zeit oder dem »Superraum« aus einem aufgewühlten Meer von Luftblasen zusammengesetzt ist. Diese Luftblasen sind das Gewebe, aus dem der leere Raum besteht, und beinhalten das, was Wheeler als den »Quantenschaum« bezeichnet. Er sagt: »Der Raum der Quantengeometrodynamik kann mit einem Schaumteppich verglichen werden, der über eine langsam wogende Landschaft gebreitet ist ... Da neue Luftblasen auftauchen und alte verschwinden, symbolisieren die kontinuierlichen mikroskopischen Veränderungen in dem Schaumteppich die Quantenfluktuationen in der Geometrie.«[79]

Jack Sarfatti hat Wheelers Bild ausgearbeitet. Er stellt sich den Quantenschaum als ein aufgewühltes Meer von rotierenden, winzig kleinen schwarzen und weißen Löchern (nicht zu verwechseln mit den astronomischen schwarzen Löchern, die viel größer sind) vor. Diese extrem kleinen schwarzen und weißen Löcher (10^{-33} cm im Durchmesser mit einer relativ großen Masse von 10^{-5} gm) tauchen ständig auf und verschwinden wieder.[68]

Verschiedene elektromagnetische und Gravitationskräfte können auf den Quantenschaum einwirken und Schwingungsmuster verursachen, ähnlich den Wellen, die ein Stein erzeugt, der in einen ruhigen Teich geworfen wird. Diese Schwingungsmuster oder Wellen im Quantenschaum entdecken wir als subnukleare Partikel, wie sowohl Wheeler als auch Sarfatti vermuten. Einige davon sind Protonen, andere Neutronen. Diese Muster befinden sich in Interaktion, um Atome zu bilden, welche wiederum in Interaktion stehen, um Moleküle zu bilden, deren Interaktion wiederum die Substanz der physischen Welt bildet. Seltsamerweise sind daher die Steine und die Sterne nichts anderes als Wellenbewegungen im Nichts!

Dies ist natürlich nur ein vorläufiges Konzept von der Krümmung oder davon, was gekrümmte Raum-Zeit sein könnte. Wir können uns den gekrümmten Raum nur schwer vorstellen. Unsere Gedankenprozesse sind in unserer Vorstellung von der Realität gefangen; es ist nahezu unmöglich, sich die Krümmung von Raum-Zeit vorzustellen oder Knoten und Krümmungen im Material der Realität an sich. Wir müßten das Muster dieser Realität von außen betrachten, und dies können wir nicht. Wir sind wie in einem Spiegelkabinett gefangen, und das Licht, das die Bilder des physischen Universums vor unseren Augen entstehen läßt, folgt den Krümmungen der Spiegeloberfläche. Die Verzerrungen sind für uns nicht sichtbar. Das Konzept von der Materie als Wellenbewegungen im Quantenschaum kann Licht in das Paradox der Komplementarität bringen. Wie bereits erwähnt, ist eines der grundlegenden Rätsel, mit denen der Physiker konfrontiert wird, daß subnukleare Teilchen wie Elektronen und Protonen sowohl Wellen- als auch Teilchencharakter besitzen. Wenn Wheelers Vermutungen stimmen, ähneln die Messungen eines Elektrons sehr stark dem Versuch, die Welle auf einer Seidenfahne zu messen, die im Wind weht.

Schon immer suchte der Physiker nach der letztendlichen Substanz der Materie und betrachtete den leeren Raum als die Bühne der materiellen Welt. Atomare Teilchen wurden als etwas betrachtet, das sich von diesem leeren Raum stark unterscheidet, aber wie Whittaker annimmt, wird mit dem Beginn der neuen Physik die Bühne selbst zu einem der Schauspieler. Die Welle/Teilchen-Dualität der Materie ist unser erster Hinweis darauf, daß Materie und sogenannter leerer Raum viel enger miteinander verbunden sind, als bisher angenommen wurde. Wie Wheeler fragt: »Ist Raum-Zeit nur eine Arena, in der sich ›physische‹ und ›fremde‹ Teilchen bewegen? Oder ist das vierdimensionale Kontinuum alles, was es gibt? Ist die gekrümmte, leere Geometrie eine Art magisches Baumaterial, aus dem alles in der physischen Welt besteht: 1. Langsame Krümmung in einem Gebiet des Raums beschreibt ein Gravitationsfeld; 2. eine gekräuselte Geometrie mit einer anderen Krümmung irgendwo anders beschreibt ein elektromagnetisches Feld; 3. ein verknoteter Bereich hoher Krümmung beschreibt eine Konzentration von Ladung und Massenenergie, die sich wie ein Teilchen bewegt? Sind Felder und Partikel fremde Teilchen, die in der Geometrie enthalten sind, oder sind sie nichts anderes als Geometrie?«[79]

Winzige schwarze und weiße Löcher

In der neuen Physik werden Materie und leere Raum-Zeit daher ein und dasselbe. Die elementaren Bausteine sind in dem Sinne keine Objekte, wie wir sie verstehen, sondern können, wie Sarfatti vermutet, als winzige schwarze und weiße Löcher betrachtet werden. Wheeler schlägt vor, daß diese Blasen im Quantenschaum »Teetassenhenkeln« oder »Wurmlöchern« im Gewebe der Raum-Zeit ähneln. Diese Wurmlöcher können zwei verschiedene Gebiete im Raum miteinander verbinden, wie ein hohler Teetassenhenkel zwei Teile einer Tasse miteinander verbindet *(Abbildung 10)*.

Wurmlöcher im Gewebe von Raum-Zeit

Die Entfernung zwischen den beiden Eingängen zweier Wurmlöcher, wie wir sie im dreidimensionalen Raum wahrnehmen können, und der Weg durch den hohlen Teetassenhenkel können sehr verschieden sein, wie Wheeler betont. Ein Wurmloch in San Francisco und ein Wurmloch in New York sind beispielsweise Tausende von Meilen im dreidimensionalen Raum voneinander entfernt, aber die Entfernung in einem Teetassenhenkel, die sie verbindet, könnte nur ein paar Zentimeter betragen. Daher sind Wurmlöcher tatsäch-

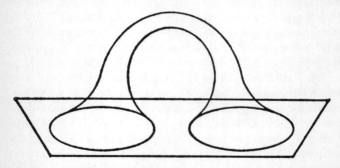

Abbildung 10: Das »Wurmloch« verbindet zwei Bereiche im euklidischen Raum. Die Entfernung von den beiden Eingängen des Wurmlochs und die Entfernung im dreidimensionalen Raum können völlig verschiedene Größenordnungen haben (wie in sehr begrenztem Maße abgebildet).

lich Löcher im Raum. Da die Blasen im Quantenschaum ständig erschaffen und zerstört werden, »schwingt« der Raum zwischen einer schaumähnlichen Struktur und einer anderen. Die scheinbaren drei Dimensionen des Raums sind auf der Ebene des Quantenschaums im Grunde genommen nicht existent. Die Wurmlöcher in Wheelers Superraum erzeugen eine »Quantenwechselverbundenheit«, in der jeder Punkt im Raum mit jedem anderen Punkt im Raum verbunden ist.

Viele Autoren haben darauf hingewiesen, daß die Existenz von derartigen Wurmlöchern in der Raum-Zeit uns dazu zwingt, jede Geographie und Epoche im Universum als »nicht lokalisiert« oder direkt verbunden mit jedem anderen geographischen Ort und jeder anderen geschichtlichen Epoche zu betrachten. D. Bohm und B. Hiley behaupten: »Es ist allgemein anerkannt, daß die Quantentheorie in vieler Hinsicht verblüffende Ähnlichkeiten mit einem Roman aufweist ... Es wird jedoch zuwenig Betonung darauf gelegt, was unserer Meinung nach der fundamentalste Unterschied zu allen bisherigen Theorien ist, das heißt, die enge und wechselseitige Verbundenheit von verschiedenen Systemen, die in keinem räumlichen Kontakt miteinander stehen.«[16]

Alle Dinge sind miteinander verbunden. Die Behauptungen von Georg Berkeley und Alfred North Whitehead, daß Bewußtsein und die physische Welt miteinander verbunden sind, gewinnen im Licht von Wheelers Vorschlag neue Bedeutung. Nicht nur, daß Zeitreisen und Reisen, die schneller sind als Licht, eine realistische Möglichkeit werden, sondern wir müssen auch vermuten, daß jeder Punkt im menschlichen Gehirn über den Quantenschaum mit jedem anderen Punkt im Universum verbunden ist. Oft wird diese allumfassende Verbindung zwischen Geist und Universum mit einer Traumrealität verglichen. Denn im Traum ist die Trennung zwischen Bewußtsein und Realität willkürlich. Ich kann träumen, daß ich mit einigen Freunden zusammensitze und mich mit ihnen unterhalte. Aber die Unterscheidung zwischen mir selbst, den Stühlen und meinen Traumfreunden ist nur eine Illusion. Alle Gegenstände und Wesen sind dem Bewußtsein des Träumers untergeordnet. Die Traumrealität ist letztendlich allumfassend.

Teilchen als Wellenbewegungen im Nichts

In einem Universum, dessen Gewebe der Quantenschaum ist, läßt sich das Gewebe der physischen Realität nicht von dem Gewebe eines Traums unterscheiden. Wheelers Superraum stellt eine strikte Dreidimensionalität der Dinge in Zweifel. Da die Wurmlöcher jeden Punkt im Raum mit jedem anderen Punkt verbinden, kollabiert das Universum in eine merkwürdige Eindimensionalität. Schlußendlich, von einer Perspektive jenseits des Quantenschaums oder buchstäblich jenseits von Raum und Zeit aus betrachtet, würde es so erscheinen, daß das Universum überhaupt keine Dimensionalität besitzt. Eine ähnliche Situation begegnet uns in der Traumwirklichkeit. Wir können von weiten Räumen, dreidimensionalen Zimmern mit Stühlen, Tischen und Menschen träumen. Aber die Dimensionalität des Traums ist außerhalb des Träumers nicht vorhanden.

Die Meinung von Sir James Jeans, daß das Universum ein gigantischer Gedanke im Gegensatz zu einer gigantischen Maschine ist, wird auch von den Quantenphysikern unterstützt. Jack Sarfatti sagt: »Signale werden durch die beständig auftauchenden und verschwindenden (virtuellen) Wurmlochverbindungen gesandt, wodurch eine ständige Kommunikation zwischen allen Teilen des Raums gewährleistet ist. Diese Signale können mit den Impulsen von Nervenzellen eines großen kosmischen Gehirns verglichen werden, die alle Teile des Raums durchdringen. Dies ist ein Standpunkt, der durch Einsteins allgemeine Relativität in der Form der Geometrodynamik angeregt wurde. Ein paralleler Standpunkt findet sich in der Quantentheorie, so wie sie von Bohm interpretiert wird. Meiner Meinung nach ist dies kein Zufall, da ich vermute, daß die allgemeine Relativität und die Quantentheorie nichts anderes als zwei komplementäre Aspekte einer tiefgreifenden Theorie sind, die eine Art kosmisches Bewußtsein als Schlüsselkonzept beinhaltet.«[(68)]

Das allumfassende Kontinuum eines Traums liefert uns

eine angemessene Erklärung für ein kausales Phänomen. So kann ich beispielsweise träumen, daß ich eine Blume betrachte und verursache, daß sie aufblüht. In einem Traum ist dies vollkommen normal. Ich frage mich nicht, warum die Blume, meiner Laune folgend, aufblühte. Zwischen der Blume und mir selbst müssen keine psychokinetischen Energien fließen, oder es muß keine psychokinetische Interaktion zwischen uns stattfinden, um diese Ursache-Wirkung-Beziehung zu erklären. Das Bewußtsein des Träumers erzeugt die Raum-Zeit des Traums. In einer noch etwas seltsameren Stimmung könnte ich träumen, daß ich ein Elektron in dem Doppelspaltexperiment bin. Ich gehöre zu den 10 Prozent, die durch den Spalt dringen und auf die Scheibe auftreffen. Da ein statistisches Gesetz der Verteilung erfüllt worden ist, das auch meinem Wunsch entspricht, will ich, daß alle anderen Elektronen, die durch den Spalt dringen, auf einen anderen Bereich der Scheibe auftreffen. Auch hier müssen keine elektromagnetischen Energien zwischen dem Elektron (mir selbst) und den anderen Elektronen fließen, um das Quantenpotential zu erklären, das zwischen uns besteht.

Die Quantenverbundenheit im Universum

Bohm und Hileys Arbeiten gehen davon aus, daß wir das Universum nicht analysieren können, indem wir es in Teile spalten. »Unsere Arbeit führt zu einem intuitiven Weg, wie und warum ein Quanten-Vielkörpersystem nicht in unabhängig existierenden Teilen analysiert werden kann, wobei zwischen den Teilen feste und determinierte dynamische Beziehungen bestehen. Vielmehr sehen wir die ›Teile‹ in direkter Verbindung, in der ihre dynamische Beziehung in nicht reduzierbarer Art und Weise von dem Zustand des ganzen Systems abhängt (und tatsächlich von dem Zustand der größeren Systeme, in denen sie enthalten sind, die sich letztlich und im Prinzip in das ganze Universum ausdehnen). Daher wird man zu einer neuen Erkenntnis der ungeteilten Ganzheit geführt, welche die klassische Vorstellung von der Analysierbarkeit der Welt in getrennten und unabhängig existierenden Teilen widerlegt ...«[16] Wir können vermuten, daß eine traumähnliche Natur wiederum eine solche ungeteilte Ganzheit umfaßt. Die Tatsache, daß die Beziehung zwischen zwei Partikeln von etwas abhängt, das über das hinausgeht, was wir in Hinsicht auf Partikel allein beschreiben können, weist darauf hin, daß das Universum holographisch ist. Ähnlich dem holographischen Bewußtseinsmodell, das im vorherigen Kapitel dargestellt wurde, liefern uns Sarfattis kosmisches Bewußtsein, Sir Jeans' gigantischer Gedanke, Bohms und Hileys ungeteilte Ganzheit ein Bild vom Universum, das die Mystiker seit Jahrhunderten hervorgehoben haben.

Daraus ergibt sich für uns die Feststellung, daß das physische Universum ein Superhologramm ist, wenn wir die Realität, die wir als physisches Universum wahrnehmen, mikroskopisch untersuchen. Wie Charles Muses ausführt: »Wir leben in einer projizierten Welt von soliden, neuro-›verkabelten‹ Hologrammen – einer Welt der Scheinbilder.«[57] In Wahrheit sind das Blatt und der Berg nur Abbildungen von mikroskopisch kleinen, turbulenten Wellen bzw. Teilchen.

Der Raum-Zeit-Code

Es fällt uns leicht zu akzeptieren, daß das Bild auf dem Bildschirm unseres Fernsehers tatsächlich eine Erfindung ist: ein Trugbild, das aus verschiedenen elektromagnetischen Energien gebildet wird. Viel schwieriger können wir uns die Realität als ein ähnliches Trugbild vorstellen: Licht, das durch die Schwerkraft angezogen wird und in Superhologramme eingeschlossen ist, und das ist auch schon alles. Muses beobachtet: »... hier erheben wir Einspruch, indem wir sagen, daß das doch nicht ›alles‹ ist; denn die Szene existierte oder existiert irgendwo, und der Projektionsapparat ist, wenn überhaupt, derjenige von beiden, der illusorischer ist – sicherlich nicht die letztendliche Realität der Szene, die darzustellen er gedacht ist. Tatsächlich ist die gesamte Wissenschaft der Projektion in Hinblick auf die Realität der Szene irrelevant.« Die Welt scheint bedrückend fest zu sein. In dem Versuch, die Substanz der Realität darzustellen, geraten wir in eine Sackgasse und kommen zu der ironischen Sicherheit, welche uns die Tatsache verschafft, daß wir in einem Spiegelkabinett gefangen sind. Mit Hilfe eines besonderen Ansatzes von Pythagoras stellt Wheeler fest, daß das Gewebe von Raum-Zeit, die Substanz der Realität selbst, nichts anderes als Geometrie ist. In seinem Buch *Der Raum-Zeit-Code* bekräftigt David Finkelstein, daß Raum-Zeit eine statistische Konstruktion aus einer tieferen »prägeometrischen« Quantenstruktur ist, worin der Prozeß fundamental ist: »Gemäß der Relativität ist die Welt eine Ansammlung von Prozessen (Ereignissen) mit einer unerwartet einheitlichen kausalen oder chronologischen Struktur. Demnach ist ein Objekt sekundär; es ist eine lange, kausale Aufeinanderfolge von Prozessen, eine Weltlinie. Entsprechend der Quantenmechanik ist die Welt eine Ansammlung von Objekten (Teilchen) mit einer unerwartet einheitlichen logischen oder klassentheoretischen Struktur. Demzufolge ist ein Prozeß sekundär; er ist eine kartographische Erfassung von Objekten oder ihrer ursprünglichen bis zu ihren endgültigen Bedingungen.«[35]

Finkelstein fragt: »Was sollen wir aus unseren Quanten machen – Dinge, die sind, oder Dinge, die werden, Essenzen oder Existenzen?« Er gelangt zu einer Schlußfolgerung, die er eine existentielle Physik nennt, und unterstützt daher das Modell des Prozesses. Die Realität ist ein Prozeß. Die physische Welt ist ein Prozeß. Jeder Versuch, die letztendliche Bedeutung der Substanz dieses Prozesses zu ergründen, stellt uns schließlich wieder vor eine höchst sonderbare Maya – die reine Geometrie, Wellenbewegungen im Nichts.

Das Superhologramm der Realität

Wie Muses können wir vermuten, daß eine noch wichtigere Frage den Projektionsapparat des Superhologramms betrifft. Finkelstein schlägt vor, daß primitive Systeme, sozusagen ein Elektron, elementare Prozesse und gar keine Objekte sind. Solche primitiven Prozesse sind in »chromosomenähnlichen Codesequenzen« zusammengefaßt, um einfache Objekte zu erzeugen, die so miteinander verflochten und verbunden sind, daß sie komplexere Objekte und deren Interaktionen erzeugen. Sollten wir die Frage stellen: Sind die chromosomenähnlichen Codesequenzen Teil des Projektionsapparats?

Die Darbietung des Hohepriesters der Tamilen ist ein Beweis dafür, daß unser Geist irgendeine Kraft oder ein Feld erzeugen kann, das den Raum-Zeit-Code beeinflußt. So wie eine elektromagnetische Strahlung das Bild unseres Fernsehers stören kann, kann das Bewußtsein die chromosomenähnliche Codesequenz stören, die wir als Feuer kennen, und das Superhologramm der Realität beeinflussen. Das Bild flimmert.

Das Superhologramm ist ständig winzigen Veränderungen unterworfen, und ein Prozeß, den wir für absolut hielten, nämlich daß Feuer brennt, wird zu einem Prozeß, der noch viel verblüffender ist. Der Priester schreitet unverletzt durch die Kohlen. Was sind die Gesetze in einem Traum? Sie sind immer so, wie wir sie träumen. Feuer brennt. Feuer brennt nicht. Was ist die Raum-Zeit eines Traums? All die weiten Räume jeder beliebigen Landschaft, von der wir träumen, und jede Zeitabfolge, von der wir träumen.

Was geschieht mit der Raum-Zeit eines Traums, wenn wir aufwachen? Sie kollabiert in einem Bereich ohne Dimensionalität oder Zeit.

VIERTES KAPITEL
Jenseits des Lichtkegels

> Raum und Zeit sind keine Konzepte, die auf einzelne mikroskopische Systeme in sinnvoller Weise angewendet werden können. Solche Systeme müssen anhand von abstrakten Konzepten beschrieben werden (Ladung, Drehung, Masse, Fremdheit, Quantenzahlen), die in keinem Zusammenhang mit Raum und Zeit stehen. Diese mikroskopischen Systeme stehen in einer Wechselbeziehung miteinander, die ebenfalls abstrakt beschrieben werden muß, das heißt, ohne Beziehung zu Raum und Zeit. Wenn eine große Anzahl solcher mikroskopischer Systeme auf diese Weise in einer Wechselbeziehung zueinander steht, ist das einfachste und fundamentalste Resultat die Erschaffung eines Raum-Zeit-Rahmens, der den klassischen Erkenntnissen über Raum und Zeit Gültigkeit verleiht, aber nur auf einer makroskopischen Ebene.
>
> E. J. ZIMMERMAN:
> *The Macroscopic Nature of Space-Time*

Jenseits von Raum-Zeit

Gemäß den tibetanischen Tantramystikern ist unsere Wahrnehmung eines Universums, das innerhalb der Zeit existiert, falsch. Jenseits dieser illusorischen Realität ist die Leere – ein Bereich, wo das Konzept der Zeit jede Bedeutung verliert. Die Buddhisten erkennen darüber hinaus eine Welt an, die jenseits der Zeit existiert. Wie der herausragende Zen-Schüler D. T. Suzuki sagt: »In dieser spirituellen Welt gibt es keine Unterteilungen wie Vergangenheit, Gegenwart und Zukunft; denn sie haben sich in einem einzigen Augenblick der Gegenwart überlagert, wo das Leben in seinem wahren Sinne pulsiert ...«[25]

Aufgrund unserer scheinbar linearen und logisch aufeinanderfolgenden Erfahrung von Vergangenheit, Gegenwart und Zukunft ist es erstaunlich, daß wir Zeit als einen absoluten Wert im Gegensatz zu einer Konstruktion interpretieren.

Aber die Physiker zerstören langsam diesen letzten Mythos und entwickeln einen Zeitansatz, der viel mehr demjenigen ähnelt, den die Mystiker seit langem vertreten. Augenblicklich sind wir zwischen der Zukunft und der Vergangenheit in dem unmeßbaren Zwischenraum der Gegenwart gefangen. Nichts geschieht jemals in der Vergangenheit (oder der Zukunft). Alles ereignet sich in der Gegenwart. Dies sind Dinge, die wir ohne Zweifel annehmen. Wenn der Physiker Richard Feynman also vorschlägt, daß ein Positron, das sich in der Zeit vorwärts bewegt, tatsächlich ein Elektron ist, das sich in der Zeit rückwärts bewegt, müssen wir innehalten. Unserem Denken fällt es nicht leicht, die Möglichkeit in Betracht zu ziehen, daß ein Teil unseres Universums (und sogar ein Teil unseres Bewußtseins) jenseits der Mauern der Zeit existieren könnte.

Ziel dieses Kapitels ist es, unsere klassischen Vorstellungen von der Zeit mit den Ansichten der Quantenphysiker und der Mystiker zu vergleichen. Es will nahelegen, daß die Natur der Zeit ganz anders ist als das, was wir erwarten. Wenn sich die Ansichten der Quantenphysiker als wahr erweisen sollten, welche Konsequenzen hätte dies im Bereich unseres Alltagslebens? Was würde aus der Gestalt der Zeit?

In der Newtonschen Physik wurden Raum und Zeit als unabhängige Größen betrachtet. Man hielt die Zeit für einen absoluten Wert, der in allen Teilen des Universums gültig ist. Gemäß dieser Denkweise rückt der Zeiger einer Uhr in New York (vorausgesetzt, daß es sich um eine Idealuhr handelt und sie niemals Zeit verliert oder hinzugewinnt) die gleiche Anzahl von Sekunden vor wie der einer Uhr in Moskau oder in der Andromedagalaxie.

Entsprechend Einsteins Relativitätstheorie ist Zeit relativ zu ihrem Bezugsrahmen. Um Zeit zu messen, müssen wir nach Einstein die Bewegung des Beobachters in Relation zu dem geeigneten Bezugsrahmen feststellen. Ein Beobachter, der eine Uhr in der Hand hält, kann beispielsweise seine Herzschläge zählen und daraus direkt den Puls berechnen (Herzschläge pro Minute). Der gleiche Beobachter kann das Zeitintervall jedoch nicht messen, wenn er sich in einer relati-

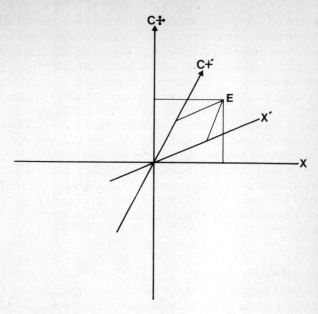

Abbildung 11

ven Bewegung zu der Uhr befindet. Möglicherweise berechnet er einen anderen Puls, da sich die Uhrzeiger mit einer anderen Geschwindigkeit zu bewegen scheinen als in dem Augenblick, als er stillstand. Die Bezugsrahmen, der Beobachter und die Uhr besitzen keine absoluten Zeitsysteme relativ zu sich selbst.

Wie vor ihm bereits Minkowski vermutete Einstein, daß Raum und Zeit keine getrennten Größen sind. Sie sind ein Kontinuum oder verschiedene Aspekte des gleichen fundamentalen »Etwas«. Ihre letztendliche Austauschbarkeit ähnelt derjenigen von Materie und Energie. Entsprechend der Relativitätstheorie sind sie nur die Elemente einer Sprache, die die Gesetze der Natur in dem einen oder anderen Bezugsrahmen ausdrückt. Im strukturierten Raum kann man sich Raum-Zeit als ein vierdimensionales Koordinatensystem vorstellen, das drei räumliche Dimensionen als die ersten drei Achsen und Zeit als vierte Achse besitzt. Für irgendein Ereignis E können wir ein Diagramm zeichnen *(Abbildung 11)*, bei dem die x-Achse eine Richtung im Raum und die ct-Achse die Zeit darstellt, die in Einheiten gemessen wird, die mit denen von x kompatibel sind. Die Achsen repräsentieren die Raum-Zeit-Koordinaten für den gegebenen Fall E. Für einen anderen Beobachter, der sich relativ zum ersten bewegt, können die Koordinaten desselben Ereignisses durch die eingeschlossenen Achsen x' und ct' bezeichnet werden.

Die Gleichwertigkeit von Raum und Zeit wird mathematisch in einer Gleichung ausgedrückt, die von H. A. Lorentz formuliert wurde. Die Raum-Koordinaten x, y, z und die Zeit-Koordinate t stehen folgendermaßen in Beziehung zueinander:

$$s^2 = x^2 + y^2 + z^2 - c^2 t^2$$

Bezugsrahmen

Der Mathematiker Hermann Minkowski zeigte, daß die Lorentz-Gleichung als Rotationen von vier kartesianischen Achsen in einer vierdimensionalen Raum-Zeit betrachtet werden kann. Der Kegel, der durch $s^2 = 0$ definiert wird, teilt die Richtungen der Raum-Zeit in drei Schichten. Die Richtungen, die den drei Schichten entsprechen, sind: 1. raumähnlich, wobei $s^2 = 0$; 2. zukünftige Zeit, wobei $s^2 < 0$; 3. vergangenheitsbezogen, wobei $s^2 > 0$.

Man kann sich jeden Bezugsrahmen oder Punkt im Raum in Hinsicht auf einen Lichtkegel vorstellen, dessen räumliche Dimensionen horizontal und dessen zeitliche Dimensionen vertikal verlaufen. Der Doppelkegel wird durch Signale erzeugt, die mit Lichtgeschwindigkeit durch den Punkt E verlaufen. Raum-Zeit wird in drei Bereiche unterteilt: Zukunft, Vergangenheit und einen Bereich, der buchstäblich jenseits von Raum-Zeit liegt, den wir »irgendwo« nennen wollen *(Abbildung 12)*.

In seinem bekannten Werk *Raum-Zeit-Materie* schrieb Hermann Weyl: »Jeder Weltpunkt ist der Ursprung des Doppelkegels der aktiven Zukunft und der passiven Vergangenheit.

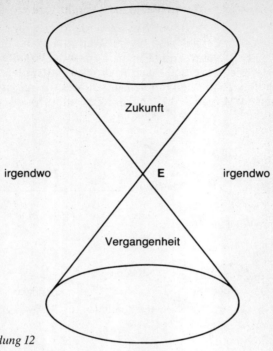

Abbildung 12

Während diese beiden Bereiche in der speziellen Relativitätstheorie durch eine dazwischenliegende Region voneinander getrennt werden, ist es im gegenwärtigen Fall durchaus möglich, daß sich der Kegel der aktiven Zukunft mit dem der passiven Vergangenheit überlappt, so daß es im Prinzip möglich ist, jetzt Ereignisse zu erleben, die teilweise ein Effekt meiner zukünftigen Lösungen und Handlungen sind. Darüber hinaus ist es für eine Weltlinie (insbesondere die meines Körpers) nicht unmöglich, obwohl sie an jedem Punkt eine zeitähnliche Richtung hat, zu einem benachbarten Punkt zurückzukehren, der bereits einmal durchlaufen wurde. Das Ergebnis wäre ein Spektralbild von einer Welt, die beängstigender ist als alles, was E. T. A. Hoffmann in seinen wildesten Phantasien jemals heraufbeschworen hat.«[(78)]

Die aktive Zukunft und die passive Vergangenheit

In den Größen von Raum und Zeit, die in unserer alltäglichen Erfahrung üblich sind, ist der Wert von c (die Lichtgeschwindigkeit) sehr groß. Einem Beobachter an Punkt E würde der Lichtkegel sehr flach erscheinen. Mit anderen Worten, wir können uns den Bereich »irgendwo« als buchstäblich zwischen der Vergangenheit und der Zukunft zerquetscht vorstellen.

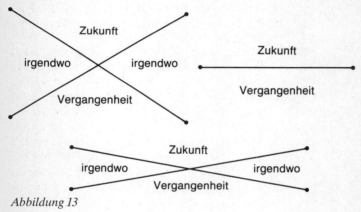

Abbildung 13

Olivier Costa de Beauregard wiederholt: »Gemessen in konventionellen Größen ist der Kegel sehr flach und die Irgendwo-Region sehr eng. In der Newtonschen Grenze, in der die Endlichkeit der Lichtgeschwindigkeit ignoriert wird, verschwindet dieser Bereich ganz, und Raum-Zeit besteht nur aus der Zukunft und der Vergangenheit, die vom gegenwärtigen Augenblick getrennt sind.«[25]

Es gibt in unserem Universum jedoch Ereignisse, bei denen der Lichtkegel verzerrt wird. Das enorme Gravitationsfeld beispielsweise, das durch den Zusammenbruch eines Sterns verursacht wird, erzeugt Bedingungen, denen Einsteins spezielle Relativitätstheorie unmöglich gerecht werden kann. Am Ende ihres Lebens beginnen Sterne, die 2,5mal größer sind als die Masse der Sonne, sich zusammenzuziehen und in sich selbst zusammenzufallen. Solche Sterne bilden eine Art Falte im Gewebe von Raum-Zeit, ein schwarzes Loch, in dem sie sich auflösen. Die Physik der schwarzen Löcher wird gegenwärtig noch sehr wenig verstanden, aber man spekuliert, daß schwarze Löcher »Öffnungen« nach irgendwo sein könnten, wie der Astronom Carl Sagan sie nennt.[11]

Tachyonen und Teilchen, die schneller sind als das Licht

Die Folgen von etwas, das »irgendwo« oder buchstäblich außerhalb des Bereichs von Raum-Zeit liegt, übersteigen unser Vorstellungsvermögen und führen zu vielen verblüffenden Vorhersagen. Man spekuliert, daß es willkürlich schnelle Teilchen oder »Tachyonen« gibt, die, da sie sich schneller als Licht bewegen, außerhalb von Raum-Zeit existieren. Olexa-Myron Bilaniuk und E. George Sudarshan behaupten, daß Einsteins Relativitätstheorie die Existenz von Tachyonen nicht ausschließt; ihre Mathematik geht sogar von ihrer Existenz aus. Gemäß Einsteins Theorie wird die Masse eines Teilchens unendlich groß, wenn es sich der Lichtgeschwindigkeit nähert. Deshalb nimmt man an, daß kein Teilchen über die »Lichtgrenze« hinaus beschleunigt werden kann. Bilaniuk und Sudarshan weisen jedoch darauf hin, daß Beschleunigung nicht der einzige Prozeß ist, der schnelle Teilchen produziert. Photonen und Neutrinos bewegen sich beispielsweise mit einer Geschwindigkeit, die gleich der Lichtgeschwindigkeit ist, und zwar von dem Augenblick an, zu dem sie erzeugt worden sind, ohne jemals von einer geringeren Geschwindigkeit aus beschleunigt worden zu sein. Es gibt kein langsames Photon oder Neutrino.[11]

Genauer gesagt existieren Tachyonen außerhalb des Lichtkegels, das heißt buchstäblich jenseits von Raum-Zeit. In einem früheren Kapitel wurde darauf hingewiesen, daß das Quantenpotential oder der Informationsaustausch, der zwischen zwei Elektronen beim Doppelspaltexperiment stattfindet, auch jenseits von Raum-Zeit auftaucht. Wenn eine gegebene Gruppe von Elektronen durch den Spalt gestrahlt wird, wird ihre statistische Verteilung (die durch das Kollektiv der Elektronen bestimmt wird) scheinbar ohne irgendeine Beziehung zur Zeit festgelegt: Das heißt, die statistische Verteilung wird vor, während oder nach dem Experiment nicht determiniert. Der Austausch zwischen den Elektronen oder dem Quantenpotential geschieht jenseits der Zeit.

Aus diesen Gründen gehen Jack Sarfatti und Fred Wolf davon aus, daß dieser Informationsaustausch tachyonisch ist. Bei dieser Interpretation spielt die Sicht des Universums, wie sie von Feynman vertreten und durch Everett und Wheeler inspiriert wurde, eine wichtige Rolle.

Feynman legt die Vermutung nahe, daß die kontinuierliche Raum-Zeit-Weltlinie eines Elektrons (oder in diesem Fall des ganzen Universums) mit dem Quantenpotential verbunden ist. Wie Sarfatti sagt:

»Jede kontinuierliche Weltlinie oder Raum-Zeit-Geschichte ist als eine komplexe Wahrscheinlichkeitsamplitude bestimmt. Alle möglichen Epochen des Universums überlappen sich. Die Regionen der konstruktiven Wechselbeziehung der vielen ›sich durchdringenden Universen‹ lassen die wahrscheinlichste ›klassische‹ Epoche des ›Universums‹ entstehen, wie wir es in unseren gewöhnlichen Bewußtseinszuständen kennen. Dies ist als das Feynman-Dirac-Aktionsprinzip bekannt, das auf der beschreibenden Ebene die in ästhetischer Hinsicht zufriedenstellendste konventionelle Formulierung des Quantenprinzips darstellt.«[67]

Feynman legt darüber hinaus dar, daß die Interpretation des Weges durch Raum-Zeit des Quantenprinzips zeigt, daß ein Elektron durch eine elektromagnetische Vakuumfluktuation rückwärts geschleudert werden kann *(Abbildung 14)*.
Ein Elektron, das sich in der Zeit rückwärts bewegt, könnte sich als ein Positron mit umgekehrter Ladung erweisen, das aber die gleiche Masse besitzt wie das Elektron, das sich in der Zeit vorwärts bewegt. Die neue Interpretation, die Wolf und Sarfatti liefern, besagt, daß das Elektron auch »außerhalb seines Lichtkegels« in einer tachyonischen Weltlinie herumgeschleudert wird, in der die Geschwindigkeit v des Elektrons größer als Lichtgeschwindigkeit ist *(Abbildung 15)*.
Wie Sarfatti sagt: »Das tachyonische Segment der Elektronenweltlinie erweist sich als ein plötzlicher, unbeständiger

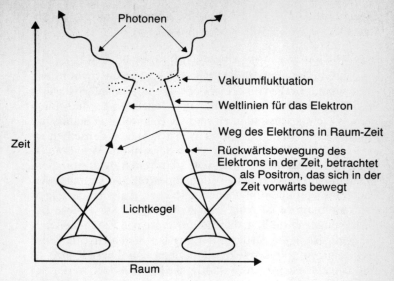

Abbildung 14

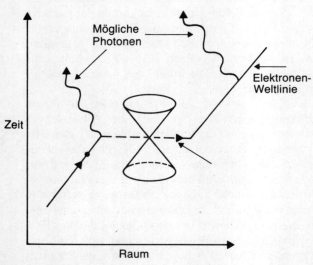

Abbildung 15

Quantensprung, der die Null-Realkoordinatenzeit annehmen kann, wie sie im Labor gemessen wird.«[67]

Keine Zukunft, keine Vergangenheit, keine Zeit

Adolf Grünbaum wirft die Frage auf, warum uns die zeitliche Aufeinanderfolge von Ereignissen so überaus heilig ist, wenn es Theorien gibt, die besagen, daß es Teilchen gibt, die schneller als Lichtgeschwindigkeit sind.[39] Bilaniuk und Sudarshan antworten, daß dem nicht so ist. Sie schlagen denselben tachyonischen Hintergrund vor, den Sarfatti und Wolf benutzten; gleichbedeutend mit einem ätherischen Bezugsrahmen, in dem »unsere« zeitliche Aufeinanderfolge von Ereignissen nur eine von allen möglichen zeitlichen Aufeinanderfolgen von Ereignissen ist. Wie John A. Wheeler sagt: »Diese Betrachtungen enthüllen, daß die Konzepte von Raum-Zeit und Zeit an sich in der Struktur der physikalischen Theorie keine vorrangigen, sondern sekundäre Ideen sind. Diese Konzepte sind im klassischen Ansatz gültig. Sie haben jedoch weder Bedeutung noch sind sie anwendbar unter Umständen, in denen quantengeometrodynamische Effekte wichtig werden. Dann muß man die Sichtweise der Natur aufgeben, in der jedes Ereignis, Vergangenheit, Gegenwart oder Zukunft ihre vorbestimmte Position in einem großen Plan einnehmen, genannt ›Raumzeit‹. Es gibt keine Raumzeit, keine Zeit, es gibt nichts vorher und nichts danach. Die Frage, was ›als nächstes‹ geschieht, ist bedeutungslos.«[79]

Noch einmal werden wir mit der existentiellen Physik von Finkelstein konfrontiert. Auf der Ebene des Alltagslebens können wir entsprechend dem absoluten Wert der Zeit effizient funktionieren. Aber der Kompaß des Physikers weist uns wiederum eine Richtung, die sich unser Verstand nur schwer vorstellen kann. Ein Phänomen wie das Quantenpotential und die vermutliche Existenz des Tachyons weisen darauf hin, daß zumindest Teilbereiche unseres Universums (und – wenn die Bootstrap-Theorie des Bewußtseins und der Realität richtig ist – Teile unseres Bewußtseins) außerhalb der Zeit existieren. Die Mystiker haben auf die Existenz eines Bereiches »irgendwo« jenseits des Lichtkegels und jenseits von Raum-Zeit hingewiesen. Nun unterbreiten auch die Physiker dieseTheorie. Dies hat enorme Konsequenzen in bezug auf unsere Vorstellung von der Form der Zeit.

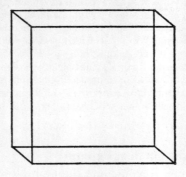

Existiert irgend etwas in der Zeit? Betrachten Sie den Würfel, bis er sich verändert. Wenn Sie ihn mit Hilfe Ihrer Vorstellungskraft verändern können, lassen Sie den Würfel vor- und zurückschnellen. Wie lange dauert jede Veränderung? Fünf Sekunden? Eine Sekunde? Man kann es unmöglich sagen. Scheinbar erfordert es überhaupt keine Zeit.

FÜNFTES KAPITEL
Die Form der Zeit

> Wir müssen uns nun dem Problem zuwenden, das durch die Notwendigkeit erhoben wird, »zeitliche Abfolge« als nichts anderes als eine »scheinbare Aufeinanderfolge« zu qualifizieren. Wie bereits früher erwähnt wurde, sind Vergangenheit und Zukunft rein subjektive Wirkungen und haben in der Realität keine objektive Existenz. (Die Frage bleibt natürlich, ob in der Realität überhaupt irgend etwas »objektiv« existiert.) Die Realität kennt nur den einzigen Rahmen des Augenblicks des Seins.
>
> KEITH FLOYD: *Of Time and the Mind*

Eine Begegnung mit dem Euphrat

Als die ersten Ägypter zum Euphrat reisten, stießen sie auf eine ungewöhnliche Schwierigkeit. In der ägyptischen Sprache sind die Begriffe »Nord« und »stromabwärts« synonym, da die vorrangige Bedeutung des Nils (der von Norden nach Süden fließt) irgendeine Unterscheidung dieser beiden Wörter unnötig macht. Die ägyptische Sprache bereitete die Ägypter daher nicht auf den Euphrat vor, der von Nord nach Süd fließt.[26]

Von den vielen Paradoxien, die auftauchen, wenn man einen universellen, tachyonischen Hintergrund entdeckt, ist keine gewaltiger als das Phänomen der Retrokausalität oder die Möglichkeit, daß eine Wirkung zeitlich ihrer Ursache vorausgehen kann. Beim augenblicklichen Stand der Dinge ist die Retrokausalität nur eine Hypothese. Sollte sie sich bestätigen, wäre die Existenz des retrokausalen Phänomens der Entdeckung vergleichbar, daß Fußspuren, die man gestern an einem Strand gesehen hat, heute gemacht worden sind. Dies ist wie ein Kinofilm, der rückwärts abgespult wird – die Fußspuren entstanden, bevor der Spaziergänger auftauchte. Im Hinblick auf die Retrokausalität finden wir uns in derselben mißlichen Lage wieder wie die alten Ägypter. Unsere Sprache kann eine Welt nur sehr schwer beschreiben, in der die Wirkung ihrer Ursache vorausgeht.

Die Form der Zeit

In seinem Buch *The Shape of Time* untersucht der Kunsthistoriker George Kubler von der Universität Yale unsere Vorstellungen von der Zeit. Wie Kubler es ausdrückt, kann man sich vorstellen, daß der Fluß der Zeit die Form von Faserbündeln annimmt. Jede Faser entspricht einem Bedürfnis in einem bestimmten Aktionsraum, und die Faserlängen variieren gemäß der Dauer des jeweiligen Bedürfnisses und der Problemlösung. Die kulturellen Bündel der Zeit sind deshalb aus unterschiedlichen Faserlängen zusammengesetzt, die zufällig, lang und kurz sein können. Kublers Meinung nach werden sie weitgehend vom Zufall aneinandergereiht und selten durch bewußtes Vorausdenken oder Planung.

Im Lichte der Erkenntnisse der Quantentheorie haben wir gesehen, daß die Form der Zeit, wie sie von John A. Wheeler dargestellt wird, mit dem wunderbaren Bild identisch ist, das Jorge Luis Borges in seinem Buch *Der Garten der sich gabelnden Wege* zeichnet. Aufgrund der indeterministischen Natur aller Ereignisse könnten wir die zukünftige Weltlinie unseres Universums als einen solchen Garten betrachten. Joseph Gerver weist auf ein mögliches Problem hin. Er behauptet, daß die Viele-Welten-Hypothese nur dann wahr ist, wenn man Universen in Erwägung zieht, die sich voneinander abspalten, wenn man in der Zeit vorwärts geht: »Wenn es jedoch möglich ist, daß sich das Universum aufgrund eines quantenmechanischen Ereignisses in zwei völlig verschiedene Realitäten spaltet, dann ist es sicherlich gleichermaßen möglich, daß zwei verschiedene Universen in derselben Weise identisch werden. Daher sollte es auch Welten geben, die sich verzweigen, wenn man in der Zeit rückwärts geht (tatsächlich ist dieser Schluß unvermeidlich, wenn man die Zeitsymmetrie von Schrödingers Gleichung berücksichtigt.) ... und somit können wir nicht mehr sagen, daß wir in einem ›normalen‹ oder ›typischen‹ Universum leben. Denn wenn wir alle möglichen Verzweigungen betrachten, die in der Zeit rückwärts verlaufen, entdecken wir, daß sie denen genau gleichen, die in der Zeit vorwärts laufen. Dies bedeutet, daß einige Verzweigungen wie die Vergangenheit aussehen, an die wir uns erinnern, aber die überwiegende Mehrheit sieht mehr oder weniger wie ein Film von der Zukunft aus, der rückwärts läuft.«[31] In einer Widerlegung antwortet Bryce DeWitt: »Ich stimme mit Gerver in Hinsicht auf seine Betrachtung der vergangenen Epoche der universellen Wellenfunktion nicht überein (nicht zu verwechseln mit unserer eigenen Vergangenheit, die nur einen Zweig umfaßt). Die überwiegende Mehrheit der Vergangenheitsverzweigungen würde aussehen wie Kinofilme von der Zukunft, die rückwärts abgespult werden, aber nur dann, wenn der gegenwärtige Zustand des Universums das Ergebnis einer Fluktuation aus dem Zustand des Gleichgewichts in einem unendlich alten Universum wäre. ... trotz der Unveränderlichkeit der Zeitumkehrung der berühmten Schrödinger-Gleichung gibt es auf der Quantenebene a priori keinen Grund (wenn man die schwache Interaktion vernachlässigt), warum die Wellenfunktion an sich einen Moment der Zeitsymmetrie besitzen sollte.«[31]

Zeitsymmetrie und Schmetterlinge hinter Glas

Im wesentlichen ist DeWitts Bemerkung richtig: Es besteht kein Grund zur Annahme, daß die Weltlinie unseres Universums einen Moment der Zeitsymmetrie besitzen sollte – eine Art kosmischen Drehpunkt oder Moment in der Geschichte, von dem aus wir in der Lage wären, die gesamte Vergangenheit als ein Spiegelbild der Zukunft wahrzunehmen. Seine Aussage, daß unsere Vergangenheit nur einen Zweig beinhalte, enthüllt jedoch ein beständiges Vorurteil; wir stellen uns Zeit so vor, als ob sie eine bestimmte Form hätte, in der unsere Geschichte eingefroren ist. Deshalb ist die einzige Beziehung zwischen der natürlichen Zeit, der objektiven Zeit, welche die starre Matrix unserer vergangenen Schöpfungen ist, und der subjektiven Zeit die des unbeteiligten Beobachters. Wir betrachten die objektive Zeit und die Geschichte der Dinge, wie wir einen Schmetterling hinter Glas betrachten. Wir sind nicht darin enthalten. Wir haben das Gefühl, daß wir an der Vergangenheit nicht teilnehmen, und dies ist uns ziemlich suspekt.

Auf der Quantenebene wird Schrödingers Gleichung in bezug auf die Zeit symmetrisch. Das heißt, es spielt keine Rolle, in welche Richtung der Pfeil der Zeit weist. Die Gleichung bleibt gleichermaßen gültig in bezug auf Ereignisse, die zeitlich vor uns oder hinter uns liegen. Dies ist analog einem Film, in dem sich zwei Billardkugeln berühren. Wenn in dem Film eine schwarze Kugel über den Billardtisch rollt und eine weiße Kugel anstößt, kann man zwei Möglichkeiten annehmen: Erstens der Film läuft vorwärts, und die schwarze Kugel stößt die weiße Kugel an; zweitens der Film läuft rückwärts, und tatsächlich streift nun die weiße Kugel die schwarze. In dieser Situation kann Zeit als »isotropisch« betrachtet werden: Ungeachtet der Richtung der Messung gelten die gleichen Gesetze der Physik.

Dasselbe gilt für Schrödingers Gleichung: Für jeden gegebenen Moment auf der Weltlinie eines gegebenen Teilchens sagt Schrödingers Gleichung eine unendliche Anzahl von Möglichkeiten voraus, die sich in die Zukunft erstrecken, und eine undefinierte Anzahl von Möglichkeiten, die sich in die Vergangenheit erstrecken. Wenn man dies auf den strukturierten Raum überträgt, hat es den Anschein, daß die Zukunft und die Vergangenheit des Teilchens aussehen wie zwei Gärten der sich gabelnden Wege, die sich in entgegengesetzte Richtungen verzweigen.

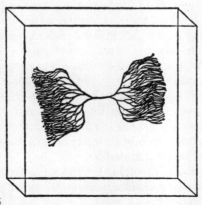

Abbildung 16

Natürlich wird das Teilchen in der Vergangenheit wie auch in der Zukunft nur einen Zweig haben, so wie auch das Experiment mit Schrödingers Katze nur ein Ergebnis haben wird. Aber dies widerlegt die Tatsache nicht, daß die Gleichung sowohl eine unbestimmte Zahl von zukünftigen Möglichkeiten als auch eine unbestimmte Zahl von vergangenen Möglichkeiten vorhersagt. Es wurde beispielsweise vermutet, daß das Universum möglicherweise nur ein einziges Elektron enthalte – und daß die Ununterscheidbarkeit aller Elementarteilchen von ein und derselben Art nur in bezug auf das vielschichtige Multi-Universen-Bild von Raum-Zeit verstanden werden könne. Das einzelne Elektron in unserem Universum wird, wie beschrieben, in der Zeit rückwärts geschleudert; aber zusätzlich kann es tatsächlich die besondere Schicht des Universums verlassen, in der es sich befindet, und in einzelne Regionen jenseits von Raum-Zeit gleiten. Wenn es aus dem absoluten »Irgendwo« in seine ursprüngliche Schicht des Universums zurückkehren sollte oder in die Raum-Zeit-Schicht, könnte es sein, daß es sich selbst begegnet und es den Anschein hat, daß es zwei identische Elektronen anstatt nur des ursprünglichen einen gibt. Der Prozeß kann sich unbestimmbar oft wiederholen, was für die unglaubliche Vielzahl von identischen Partikeln in unserem Universum spricht![68]

Aber natürlich gilt derselbe doppelte Garten der sich gabelnden Wege in der Weltlinie unseres gesamten Universums. Genauer gesagt, von jedem beliebigen (und jedem einzelnen) gegebenen Augenblick in der Zeit der Vergangenheit unserer Erde sollte sich ein Garten der sich gabelnden Wege entwickeln. DeWitt sagt, daß unsere Vergangenheit aus nur einem Zweig besteht, aber er gibt keinen Grund dafür an, warum wir die Form der Zeit akzeptieren sollten, so wie sie von Schrödingers Gleichung für die Zukunft vorhergesagt wird, aber nicht für die Vergangenheit. Offensichtlich liegt die Antwort darin, daß in unseren Geschichtsbüchern nur eine Vergangenheit überliefert ist.

Vielleicht ist der Vorschlag begründet, daß die Bereiche der konstruktiven Wechselbeziehung der vielen »sich gegenseitig durchdringenden Universen« die wahrscheinlichste und klassische Geschichte des Universums liefern. Mit anderen Worten, vielleicht erkennt unser Geist eine übereinstimmende Realität in solchen Ereignissen wie dem Experiment mit Schrödingers Katze deshalb, weil unsere Vorurteile so tief verwurzelt sind, daß wir fest davon überzeugt sind, es gebe nur eine Realität. Wenn der menschliche Geist die Fähigkeit besitzt, eine von Schrödingers Katzen auszuschließen, hätte er sicherlich auch die Möglichkeit, Vergangenheiten auszuschließen, die keinen Sinn ergeben.

Eine unendliche Anzahl von Vergangenheiten

Wenn wir dies bedenken, bekommen wir eine völlig andere Perspektive von der Form der Zeit. Wenn auf der Ebene der wechselseitigen Verbundenheit der Quanten das allgemeine Spektrum aller lebenden Systeme in ungleichmäßiger Weise zu der Brownschen Bewegung beiträgt, ungeachtet der räumlich-zeitlichen Anordnungen, stellt sich die Frage, welcher Art unsere Teilnahme an der Vergangenheit ist.

Kritiker der dargelegten Tachyonentheorie bezweifeln, ob Retrokausalität existieren kann, und sie argumentieren, daß die Existenz von Tachyonen unlösbare Paradoxien aufwerfe. Beispielsweise sei es möglich, mit Hilfe einer Tachyonenpistole oder einem kontrollierten Tachyonenstrahl Botschaften zeitlich rückwärts zu senden. Theoretisch können solche Übermittlungen aus der Zukunft den Vorteil haben, einen verhängnisvollen Unfall zu vermeiden. Aber wenn dies geschähe, was passierte dann mit der Realität des Übermittlers der Botschaft? Würde der Übermittler eine Person sehen, die auf wunderbare Weise wieder vom Tode aufersteht? Wäre der Übermittler in der Lage, die Vergangenheit zu verändern? Die Kritiker behaupten nein und weisen darauf hin, daß es nur drei Möglichkeiten gibt, solche Paradoxien zu vermeiden: 1. Tachyonen existieren niemals, außer als faktische Teilchen (was gleichbedeutend ist mit der Aussage, daß wir einen Namen für solche Teilchen haben, aber diese Teilchen gar nicht existieren). 2. Das Universum ist so gutdurchdacht konstruiert, daß jede Information, wann immer sie in die Vergangenheit gesandt wird, aus dem Gedächtnis des Empfängers gelöscht wird, bevor Paradoxien entstehen. 3. Die Aussendung und Aufnahme von Tachyonen kann nur zwischen einer begrenzten Anzahl von Beobachtern stattfinden, die Geschwindigkeiten haben, die relativ zu einer bestimmten bevorzugten Trägheit sind (und deshalb niemals zulassen, daß sich Informationen außerhalb des Zwischenraums der Gegenwart verbreiten).[10]

Das Argument, das die Kritiker widerlegt, ist, daß sie weniger damit beschäftigt sind, wie das Universum sein *könnte,* sondern viel mehr damit, wie es ihrer Meinung nach sein *sollte.* Wenn das Hauptargument gegen die Existenz von Tachyonen nur darin besteht, daß »Tachyonen nicht logisch sind«, schränken wir uns selbst beträchtlich ein. Einige Physiker sind der Meinung, daß kein Gesetz der Logik verletzt wäre, wenn Tachyonen existierten und die zeitliche Aufeinanderfolge von Ursache und Wirkung manchmal umgekehrt wäre. In der Tat könnte eine solche Umkehrung in der zeitlichen Aufeinanderfolge von Ursache und Wirkung viel mehr Fragen beantworten als aufwerfen.[10]

In seinem Roman *Childhood's End* beschreibt Arthur C. Clarke den ersten Kontakt der Menschheit mit außerirdischem Leben. In der Geschichte schwebt mehrere Generationen lang eine Flotte von riesigen Raumschiffen über jeder Großstadt auf der Erde. Deren Insassen, die »Overlords«, wie sie sich selbst bezeichnen, stehen in ständigem Radiokontakt mit der Erde, aber seltsamerweise vermeiden sie es, sich körperlich zu zeigen. Nach vielen Jahren kommen die Overlords aus ihren riesigen Raumschiffen herunter auf die Erde. Der Grund dafür, warum sie sich verborgen hielten, wird offensichtlich: Die Overlords sind Wesen aus unserer Mythologie, exakte Ebenbilder des Teufels. Als sie gefragt werden, ob sie die Erde früher schon einmal besucht hätten und ob die Legenden vom Teufel eine Art Erinnerung an diesen Besuch seien, antworten sie: »Es war nicht direkt eine Erinnerung. Ihr hattet bereits den Beweis dafür erbracht, daß Zeit komplexer ist, als sich eure Wissenschaft jemals vorstellen kann. Denn diese Erinnerung war keine Erinnerung an die Vergangenheit, sondern an die Zukunft.«[24]

Die Prophezeiungen des Quetzalcoatl

Interessanterweise können wir ähnliche Geschehnisse auch in der Geschichte finden. Die Azteken kannten bereits lange zuvor Legenden, daß die weißen Götter ihr Land besuchen würden. Ihr mythisches Oberhaupt Quetzalcoatl starb, aber er versprach – so sagt die Legende –, daß er am Tag des Ce-acatl zurückkehren würde. Im Jahre 1519 landete Cortez im heutigen Veracruz und erfüllte die Prophezeiung mit zermürbender Genauigkeit. Bei den Mayas gab es die Legende, daß der weiße Gott Kulkulcan eine Prophezeiung hinterließ, er werde im achten Jahr des Katun 13 Ahau zurückkehren. In diesem Jahr (1527) landete Montejo an der Ostküste der Halbinsel Yukatan und begann mit dem Gemetzel unter den Indianern. Danach erstaunt es wahrscheinlich nur wenig zu erfahren, daß im Juni 1971 eine von Manuel Elizalde jr. angeführte Expedition nach Mindanao auf den Philippinen den völlig isolierten Stamm der Tasaday aus der Steinzeit entdeckte und feststellte, daß ihre Ankunft erwartet wurde. Die Legenden dieses Stammes versprachen, daß die weißen Götter eines Tages zurückkehren würden.[73]

Wir können die Hypothese aufstellen, daß, wenn Retrokausalität eine Tatsache ist, vielleicht die Spanier die Ursache für all die Legenden waren, die ihnen vorausgingen. In der Tat könnte das Unbewußte der Spanier geistig an der Vergangenheit teilgenommen haben. Das besondere Zeitbündel, innerhalb dessen die Azteken und die Mayas solche prophetischen Legenden besaßen, war nur eine aller möglichen »Vergangenheiten« im Garten der sich gabelnden Wege.

Außerirdische Anthropologie

In seinem Buch *Cultures Beyond the Earth* beschreibt Roger W. Wescott eine »außerirdische Anthropologie« und mahnt uns, daß wir uns der Einsichten bewußt sein sollten, wie zum Beispiel denen von Clarke, was die Natur der Zeit im Universum als Ganzem betrifft. Er schlägt vor, daß sich unsere Erde, anstatt im konventionellen Sinne in Raum-Zeit zu existieren, vielmehr in einem »Hyperraum« oder einem Raum mit vier oder mehr Richtungen und einer »Hyperzeit« oder einer Zeit, die ermöglicht, daß Ereignisse und Prozesse in einer anderen Art und Weise stattfinden als irreversibel linear und nur in einer Richtung verlaufend, befindet.

In einer solchen »hyperhistorischen« Sphäre (oder historischen »Hypershäre«) könnten Wesen aus unserer Religion und Tradition erklärbare Eindringlinge anstatt wunderbare Geschehnisse werden. Wescott sagt: »Von diesem Standpunkt aus gesehen wird die außerirdische Anthropologie nicht nur zu einer interplanetarischen Anthropologie, sondern vielmehr auch zu der Anthropologie unseres eigenen Planeten mit zusätzlichen räumlichen oder zeitlichen Dimensionen – die man hyperplanetarische Anthropologie nennen könnte. In einer solchen Anthropologie wären die vorrangigen Disziplinen nicht die Astronomie und die Raumfahrt, sondern in Hinsicht auf ihren historischen Aspekt die Mythologie und die Überlieferung und in Hinblick auf ihren synchronischen Aspekt das sich ständig erweiternde Forschungsgebiet, das ich Anomalistik nenne, die systematische Erforschung von Anomalien.«[55]

Eine neue Betrachtung archetypischer Information

Auch die von Carl G. Jung postulierten Archetypen könnten durch Retrokausalität erklärt werden. Im Jahre 1919 stellte Jung die Theorie auf, daß bestimmte »archaische Überreste« oder »Urbilder« in der menschlichen Psyche produziert werden können. Er nannte diese Bilder Archetypen und ging davon aus, daß sie kollektive Bilder sind, die in verschiedenen, voneinander getrennten Quellen gefunden werden können, angefangen bei Träumen bis hin zu alten Mythen, religiösen Visionen und Sagen. In bezug auf die Archetypen sagt Jung: »Sie haben keinen bekannten Ursprung; und sie reproduzieren sich selbst zu jedem Zeitpunkt oder in jedem Teil der Welt – selbst dort, wo die Übermittlung durch direkte Abstammung oder Kreuzung aufgrund der Völkerwanderung ausgeschlossen werden muß.«[47] Jung lieferte viele Beispiele für die archetypische Information, aber während seines Lebens änderte er ständig seine Meinung darüber, wie dieses

Phänomen zu erklären sei. Zunächst glaubte er, daß es ein »kollektives Unbewußtes« oder ein Teil unserer Psyche sei, der allen Menschen gemeinsam sei. Dies könnte die Universalität solcher Bilder erklären. Im Jahre 1976 jedoch behauptete er: »Archetypen besitzen eine Natur, die nicht mit Bestimmtheit als psychisch bezeichnet werden kann«, das heißt, daß sie aus der Psyche stammen. Schließlich vermutete er, daß Archetypen »psychoid« oder »quasipsychisch« sein könnten. Das heißt, sie könnten etwas sein, das sowohl psychisch als auch nicht psychisch ist.[41]

In seinem letzten veränderten Standpunkt warnte Jung: »Meine Kritiker haben fälschlicherweise angenommen, daß ich mich mit ›vererbten Abbildungen‹ beschäftige, und auf dieser Basis haben sie die Vorstellung vom Archetypus als reinen Aberglauben abgetan. Dabei haben sie die Tatsache übersehen, daß, wenn Archetypen Abbilder sind, die aus unserem Bewußtsein stammen (oder durch Bewußtsein erlangt wurden), wir sie sicherlich verstehen und nicht verwirrt und erstaunt sein sollten, wenn sie sich unserem Bewußtsein offenbaren.«[47]

Eine unbekannte Tür öffnet sich, wenn die Vergangenheit als das betrachtet werden muß, was die neuen Physiker vermuten. In der Tat können wir uns nicht einmal vorstellen, daß wir selbst eine Vergangenheit haben, wenn unsere scheinbare Geschichte nur ein Bereich der konstruktiven Wechselbeziehung von vielen sich durchdringenden Universen ist. Wenn bewußte Systeme die Brownsche Bewegung von Partikeln beeinflussen, ungeachtet ihres räumlich-zeitlichen Standortes, welche Grenzen sollten wir unserer eigenen Fähigkeit setzen, in einer Wechselbeziehung mit der Vergangenheit zu stehen? In diesem Augenblick könnte unser Geist gegen den Rauch von Freuds Pfeife ankämpfen oder kleinste Wellenbewegungen im Wasser neben irgendeinem phönizischen Schiff verursachen. Und wenn wir uns erlauben, diese Spekulationen anzustellen, dürfen wir uns auch vorstellen, daß wir ein paar Worte in irgendeinem alten Buch verändern könnten oder ein Gemälde oder einen Wechsel von einer »Vergangenheit« in eine andere »Vergangenheit« so mühelos bewältigen könnten, wie die Nadel eines Plattenspielers über die Rillen springt!

Derselbe Teil des Unbewußten, der den Hohepriester der Tamilen befähigt, unverletzt durch das Feuer zu gehen, könnte der verborgene Namensirrtum, das kollektive Unbewußte, nach dem Jung suchte, sein. In diesem Fall könnte das, was wir als Archetypen wahrnehmen, Bilder sein, die vom Geist zufällig erzeugt und dann in der Zeit rückwärts entlang dem Garten der sich gabelnden Wege geworfen werden. Der Archetyp könnte in der Tat psychoid sein, scheinbar aus einem kollektiven Unbewußten stammen, aber tatsächlich in dem entsprechenden Bewußtsein in den entsprechenden »Vergangenheiten« erzeugt werden. In diesem Sinne ist das kollektive Unbewußte die Instanz, welche die Realität strukturiert.

Wenn unser Bewußtsein die Vergangenheit beeinflußt, kann es sicherlich auch die Zukunft beeinflussen. Unsere Existenz, so wie sie uns als ein starr strukturiertes Universum erscheint, könnte sich als plastischer herausstellen, als diese Spekulationen vermuten lassen.

Die Quantenphysiker haben uns zu neuen Betrachtungsmöglichkeiten in Hinblick auf Raum-Zeit und die Geschichte der Dinge verholfen. Wenn nichts von dem, was sie sagen, wahr ist, ist es doch eine angenehme Phantasie. Wenn sich ihre Spekulationen bewahrheiten, müssen wir uns an eine völlig neue Form der Zeit gewöhnen: eine Form, in der eine Synthese von persönlicher und objektiver Zeit zu unserer eingefrorenen Vergangenheit verschmilzt. Vielleicht werden die Schmetterlinge aus dem Glaskasten der Zeit befreit, und wir finden uns selbst am Ufer eines uns tatsächlich völlig unbekannten Euphrat wieder.

Wenn jemand in der Zeit rückwärts geht und zufällig seinen Urgroßvater oder seine Urgroßmutter tötet, was geschieht dann mit dem Zeitreisenden? Lebt er oder ist er tot? Vielleicht ist es so wie bei Schrödingers Katze. Was immer man glaubt, wird Realität, und alle möglichen Vergangenheiten, gegenwärtigen und zukünftigen Zeiten sind mit einem Mal wie verschiedene Fernsehprogramme.

3. TEIL

MYSTIK
UND
NEUE PHYSIK

Die Erkenntnis der vedischen Rishis ist zu einer kollektiven Erkenntnis geworden; das Superbewußtsein ist in das Erdbewußtsein eingedrungen, es ist in das physische Unterbewußtsein hinabgestiegen, an die Grenzen der Materie; es bleibt nur noch eine Brücke, die überquert werden muß, um das letztendliche Bindeglied herzustellen. Eine neue Welt ist geboren. Im Augenblick befinden wir uns mitten in einer Übergangsphase, in der die beiden miteinander verschmelzen: Die alte Welt besteht weiterhin, immer noch allmächtig, und fährt fort, das normale Bewußtsein zu beherrschen, und die neue Welt dringt leise in sie ein, noch sehr schüchtern und so unbeachtet, daß sie im Augenblick äußerlich nur wenig zu verändern scheint ... und doch wirkt sie und wächst, bis sie eines Tages so stark sein wird, daß sie sich selbst sichtbar offenbart.

SATPREM:
Sri Aurobindo oder das Abenteuer des Bewußtseins

SECHSTES KAPITEL
Tantra und die Quantentheorie

> Die allgemeinen Kenntnisse über das menschliche Verständnis ..., wie sie anhand der Entdeckungen der Atomphysik dargestellt werden, sind in der Natur der Dinge nicht gänzlich unbekannt oder neu. Selbst in unserer eigenen Kultur haben sie eine Geschichte, und im Gedankengut der Buddhisten und der Hindus nehmen sie einen beträchtlichen und zentralen Platz ein. Was wir finden werden, ist eine Erläuterung, eine Unterstützung und Verfeinerung alter Weisheit.
>
> JULIUS ROBERT OPPENHEIMER:
> *Wissenschaft und das allgemeine Verständnis*

Die Konzepte, die in der neuen Physik dargelegt werden, erscheinen dem westlichen Geist zunächst fremd. Wir sind nicht daran gewöhnt, Schrödingers Katzen und die Komplementarität nuklearer Teilchen zu interpretieren. Unser Geist stutzt bei dem Gedanken an gekrümmte Räume und Bereiche, die buchstäblich jenseits von Zeit und Raum liegen. Es ist kein Wunder, daß die neue Physik nur langsam an die Säulen der newtonschen Physik heranrückt. Aber noch verblüffender als all diese befremdlichen Vorstellungen ist die Tatsache, daß sie keineswegs neu sind. Wie Oppenheimer erwähnt, sind sie ebensowenig völlig unbekannt. In der Tat ist jeder, der sich mit den indischen Philosophien wie dem Tantra beschäftigt, von den unvermeidbaren Schlußfolgerungen beeindruckt, zu denen diese Konzepte seit Jahrhunderten gelangen. Dieses Kapitel zielt darauf ab, einige der Ähnlichkeiten zwischen Tantra – einer Hinduphilosophie, die aus dem sechsten oder siebten Jahrhundert unserer Ära stammen soll – und einigen der Konzepte, die von der neuen Physik unterbreitet werden, zu untersuchen.

Es gibt viele parallele Konzepte zwischen den alten Philosophien des Ostens und den neu entstehenden Philosophien des Westens. Bestimmte Ansätze sind so ähnlich, daß es unmöglich wird zu unterscheiden, ob einige der Aussagen von einem Mystiker oder einem Physiker gemacht wurden. Der Psychologe des Esalen-Instituts, Lawrence LeShan, gibt ein Beispiel für eine solche ununterscheidbare Aussage: »Das Absolute (ist) ... alles, was existiert ..., dieses Absolute ist zum Universum geworden ... (wie wir es wahrnehmen), indem es durch Zeit, Raum und das Kausalprinzip zustande kam ... was wir das Kausalprinzip nennen, beginnt, nachdem die Degeneration des Absoluten in das Phänomenale stattgefunden hat, und nicht davor, wenn wir dies so sagen dürfen.«[53]

Die Bemerkung stammt ursprünglich von dem Mystiker S. Vivekananda in Jnana Yoga, aber die Tatsache, daß die Namen des Mathematikers, der als erster die Theorie aufstellte, daß Raum und Zeit ein Kontinuum sind, Hermann Minkowski, und des größten unter den historischen weisen Brahmanen, Advaita, austauschbar sind, zeigt wiederum den Zusammenfluß von Mystik und neuer Physik.

Vivekananda bringt darüber hinaus eine Ansicht zum Ausdruck, die zum Stützpfeiler der Quantentheorie geworden ist: Es gibt keine strenge Kausalität. Wie er sagt: »Ein Stein fällt, und wir fragen warum. Diese Frage ist nur möglich, wenn wir davon ausgehen, daß nichts ohne eine Ursache geschieht. Ich möchte Sie bitten, sich dies sehr klar zu machen, denn immer, wenn wir fragen, warum etwas geschieht, gehen wir davon aus, daß etwas, das geschieht, ein Warum haben muß, das heißt, etwas muß ihm vorausgegangen sein, das als Ursache gewirkt hat. Dieses Vorausgehen in der Abfolge ist das, was wir das Gesetz der Kausalität nennen.« Die westliche Erkenntnis, daß alle Aktionen eine Ursache haben müssen, ist eines der größten Hindernisse in unserem Verständnis der indeterministischen Natur atomarer Systeme. Wir müssen vermuten, daß die mystischen Philosophien sehr viel mehr Informationen bereithalten, die uns bei der verblüffenden Weltanschauung unterstützen können, die uns die neue Physik präsentiert.

Die Ähnlichkeiten zwischen Tantra und Quantentheorie sind höchst inspirierend. In der Tat kann man Tantra, wenn man es aus seiner religiösen Terminologie herauslöst, als einen alten Zweig der Quantentheorie betrachten. Nicht nur sind philosophische Meinungen identisch wie in dem oben angeführten Vergleich zwischen Minkowski und Advaita, sondern vielmehr scheinen die mechanischen Erklärungen für die Funktion des Universums ein Wissen über die Physik zu enthüllen, das wir in jüngster Zeit nur wiederzuentdecken beginnen. Nachfolgend werden einige Konzepte dargelegt, die sich im Tantra und in der Quantentheorie gleichen.

Superraum kontra Akasha

Seit der Zeit der alten Griechen hat die westliche Wissenschaft versucht, die Materie zu verstehen, indem sie sie in dem Versuch teilte und unterteilte, ihre fundamentalen Bausteine zu finden. Eines der grundlegenden konzeptuellen Probleme der modernen Wissenschaft bestand darin, die Bausteine zu verstehen, die wir entdeckt haben, beispielsweise in der Tatsache, daß subatomare Teilchen wie Elektronen und Protonen Eigenschaften von Wellen und Teilchen zeigen.

Aber das Rätsel endet hier noch nicht. Als man herausfand, daß Partikelchen wellenähnlicher sind, wurden Phänomene wie das Licht, das man bisher immer als eine Welle interpretiert hatte, immer mehr teilchenähnlich. Am Ende des 19. Jahrhunderts vermutete der deutsche Physiker Max Planck, daß Licht unbeständig ist und aus kleinen Energieeinheiten, genannt Quanten, besteht. Die Quanten beschrieben Licht als einen Strom von getrennten Teilchen und nicht mehr als eine kontinuierliche Welle.

Einstein brachte uns der Entdeckung der Elementarbausteine der Materie näher, als er erforschte, daß Licht und Materie letztendlich austauschbar sind. Die Ursubstanz des Universums scheinen Wellen bzw. Teilchen und Quanten zu sein. Aber Wellen bzw. Teilchen und Quanten besitzen keine Realität, zumindest nicht in den Begriffen, mit denen wir gewöhnlich in der klassischen Physik umgehen. Sie sind sowohl Wellen als auch Teilchen, zwei sich gegenseitig ausschließende Arten von Teilchen, und diese Komplementarität reiht sie in eine Kategorie ein, die analog zu Schrödingers Katze ist.

Wie wir bereits gesehen haben, wenn die Theorien von John A. Wheeler stimmen, müssen wir den Teil der Realität aufgeben, auf dem wir bestehen, wenn wir an dem System der Physik festhalten.[43] In der Tat können wir die fundamentalen Bausteine der Materie in physikalischen Begriffen überhaupt nicht begreifen. Es gibt keine letztendliche physische Substanz der Materie. Die Ursubstanz von Wheelers Superraum ist »etwas«, das am besten als reine Geometrie begriffen werden kann.

Nada und Bindu

Die tantrische Theorie der Materie ist ähnlich. Beispielsweise sind die hinduistischen Vorstellungen von Nada und Bindu mit dem Konzept identisch, daß Materie sowohl eine Welle als auch ein Teilchen ist. Frei übertragen bedeutet Nada Bewegung oder Schwingung. Wenn Brahma Materie erschafft, ist Nada die erste Bewegung, die in dem bildenden kosmischen Bewußtsein erzeugt wird. Bindu heißt wörtlich »Punkt«. Gemäß dem Tantra kann man Materie, wenn man sie vom Bewußtsein trennt, als aus vielen Bindu- und physischen Objekten bestehend betrachten, die im Raum verteilt sind. Wenn man Materie jedoch für etwas hält, das vom Bewußtsein projiziert wird, besitzen physische Objekte nicht länger viele dreidimensionale Punkte im Raum. Alles bricht in eine Dimension zusammen (was der Eindimensionalität des Universums bemerkenswert ähnlich ist, wenn man Wheelers Quantenverbundenheit in Betracht zieht) und wird zu einem einzigen Punkt-Bindu – oder wie André Padoux es ausdrückt: »Der Punkt ohne Dimension.«[57] S. Partyagatmananda schrieb, daß jedes Objekt oder jeder Prozeß unter dem Gesichtspunkt von Nada und Bindu studiert werden müsse (als eine Welle oder ein Teilchen).[64]

John Woodroffe sagt: »Die indische Theorie, die hier beschrieben wird, stimmt mit den westlichen Spekulationen überein, daß das, was die letzteren wissenschaftliche oder wägbare Materie nennen, nicht permanent existiert, sondern vielmehr sagt sie, daß es bestimmbare Bewegungen oder Kräfte gibt (fünf an der Zahl), die feste Materie produzieren und die letztendlich auf Äther (Akasha) reduziert werden können. Akasha und wissenschaftlicher ›Äther‹ sind jedoch nicht in jeder Hinsicht dasselbe. Letzteres ist eine endgültige Substanz, nicht ›Materie‹, welche Schwingungsbewegungen besitzt und das Medium liefert, um Licht zu senden. Akasha ist eine der mächtigen Kräfte, in der die Urkraft (Prakrti-Sakti) sich selbst differenziert. Objektiv betrachtet ist sie eine Schwingung innerhalb und aus der Substanz von Prakrti sowie eine Transformation derselben, in der die anderen Kräfte in ihrer Wirkung beobachtet werden können.«[89]

Prakrti oder das Universum der physischen Objekte wird daher als aus Schwingung zusammmgesetzt betrachtet. Im wesentlichen stimmt die Akasha-Theorie mit Wheelers Quantenschaum überein. Materie sind Schwingungen in der Akasha. Materie sind Wellenbewegungen im Quantenschaum. Wie Swami Partygatmananda beobachtet hat: »Was wir für ein ›Ding‹ oder ein ›festes Objekt‹ halten, ist eine Kraftanordnung (zum Beispiel physikalische Masse), die auf ein System von Kraftprozessen bezogen ist (zum Beispiel physikalische Energiefunktionen).«[64]

Kraftlinien und die Haare des Shiva

Wie bereits erwähnt wurde, ist Wheeler der Ansicht, daß Quantenschaum aus sich gegenseitig durchdringenden Wurmlöchern zusammengesetzt ist, die alle Regionen im Raum miteinander verbinden. Ein solches Paradigma könnte auch ein klareres Bild von einem so alltäglichen Phänomen wie etwa der Elektrizität liefern. Wenn elektrische Kraftlinien in einem Bereich des Raums konvergieren, überkreuzen sie sich nicht einfach, sondern scheinen zu konvergieren und in das Gewebe der Zeit zu sinken, wie ein Wasserstrahl, der durch einen Trichter oder aus einem Wasserhahn fließt. Wheeler glaubt, daß sie in einem Wurmloch zusammenlaufen müssen: »Eine klassische geometrodynamische elektrische Ladung ist eine Anordnung von Kraftlinien, die in der Topologie des Raums gefangen sind.«[79]

Dies ist sehr verblüffend, da Tantra den Raum als etwas beschreibt, das von Kraftlinien durchzogen wird, bekannt als die »Haare von Shiva«.[89] Die Inder sagen, daß Shivas Haare bewirken können, daß sich das Gewebe des Raums ausdehnt und zusammenzieht. Es ist höchst unvorstellbar, daß diese alten Texte von einem Raum in Hinsicht auf eine Substanz sprechen, die gebündelte Kraftlinien enthält. Erst im vergangenen Jahrhundert war die westliche Wissenschaft in der Lage, den Raum in nichteuklidischen Begriffen zu verstehen und sich mit dem Konzept von der Krümmung zu befassen. Doch bereits Jahrhunderte früher bezogen sich die tantrischen Texte auf die Expansion und die Kontraktion in der Akasha. Das mathematische Konzept, das hinter dieser Erkenntnis steht, ist gewaltig.

Wheeler behauptet, daß elektrische Ladung oder die Linien in einem elektrischen oder Magnetfeld buchstäblich Kraftlinien sind, die im Gewebe der Zeit eingeschlossen sind. Sarfatti legt die Vermutung nahe, daß die Organisation der Materie auf ein Spektrum von sich selbst organisierenden Feldern zurückzuführen ist (ähnlich den Eigenschaften in Harold Saxton Burrs Lebensfeldern, die sich auch selbst organisieren), welches die Materie aus dem turbulenten Meer des Quantenschaums heraus organisiert. Mit Sicherheit sind die Haare Shivas, welche die Materie aus dem turbulenten Meer der Akasha heraus organisieren, dasselbe.

Winzige schwarze Löcher und ihre Prophezeiung

Wie bereits erwähnt wurde, hat Jack Sarfatti Wheelers Bild von den Blasen im Quantenschaum ausgearbeitet und die Hypothese aufgestellt, daß diese möglicherweise winzige schwarze und weiße Löcher sind. Diese winzigen schwarzen und weißen Löcher (10^{-33} cm im Durchmesser, 10^{-5} gr Masse) bilden den gekrümmten, leeren Raum. Sarfatti sagt: »Materie ist nichts anderes als von der Schwerkraft gebündeltes Licht. Die Ringsingularität eines rotierenden schwarzen oder weißen Loches ist als ein Photon (Lichtteilchen) oder ein Neutrino (eine andere Art von Elementarteilchen) dargestellt, das sich in einem Kreis bewegt (›wobei es sich in seinen eigenen Schwanz beißt‹). Dies geschieht aufgrund der Eigengravitation des Photons oder Neutrinos. Der Kreis bewegt sich durch zwei Raum-Zeit-Schichten, das heißt, ein normales Universum mit positiver Masse und ein Geisteruniversum mit negativer Masse. Diese beiden Universen sind durch den Ring miteinander verbunden, der als magisches Fernglas dient ... Wenn ein Partikel auf ein Antipartikel trifft, um reines Licht zu erzeugen, scheinen die Photonen, die das Teilchen und das Antiteilchen bilden, ganz einfach ihre Spur zu verlassen. Das turbulente Meer des Raums in Wheelers Quantengeometrodynamik ist ganz einfach das Ein- und Ausschließen von Photonen und Neutrinos in einem kontinuierlichen Prozeß. Auf dieser Urebene ist es unmöglich, zwischen Licht, Materie und leerem Raum zu unterscheiden.«[68]

Ein Wurmloch oder schwarzes Loch von mikroskopischen Dimensionen führt zu vielen verblüffenden Konsequenzen. In der Tat ist, wie Wheeler darlegt, die Existenz von makroskopischen schwarzen Löchern zu einer akzeptierten Tatsache geworden. Der Astronom Carl Sagan erklärt: »Am Ende ihres Lebens kollabieren Sterne, die eine 2,5mal größere Masse als unsere Sonne besitzen, so machtvoll, daß keine bekannten Kräfte dies aufhalten können. Die Sterne verursachen eine Falte im Gewebe der Zeit – ein ›schwarzes Loch‹ –, in dem sie verschwinden.«[66] Zwei Wissenschaftler der Universität Princeton stellten im Jahre 1971 die Theorie von der Existenz der schwarzen Löcher auf. Im Jahre 1973 veröffentlichte die Raumfahrtbehörde einen Bericht von einem Wissenschaftlerteam der Universität London, der von dem ersten bekannten schwarzen Loch handelte, das in dem doppelten Sternensystem Cygnus X−1, das mehr als 8000 Lichtjahre entfernt ist (47 Quadrillionen Meilen), entdeckt worden war.

Falten im Gewebe von Raum-Zeit

Genauer gesagt sind makroskopische schwarze Löcher buchstäblich Löcher oder Falten im Gewebe des Raums und haben keine wirkliche Dreidimensionalität in unserem Universum. Das Gravitationsfeld, das ein Stern verursachen würde, der 2,5mal die Masse unserer Sonne besitzt, wenn er in einem schwarzen Loch zusammenfallen würde, ist so groß, daß nicht einmal Licht daraus hervordringen könnte. Es ist

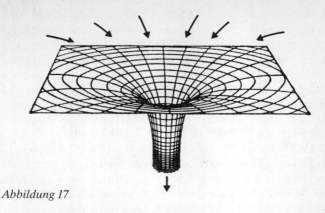

Abbildung 17

möglich, daß andere Sterne diesem mächtigen Gravitationsfeld zum Opfer fallen und in dem schwarzen Loch verschwinden. Das ganze Universum könnte von einem schwarzen Loch verschluckt werden und in einen Punkt Bindu oder einen Punkt ohne Dimension zusammenschrumpfen *(Abbildung 17)*.

Was geschieht mit dem Universum, wenn es in sich zusammenfällt? Gemäß der tantrischen Überlieferung geht es wieder in die Shakti ein, welche es erschaffen hat. Es kollabiert in etwas, das als Shiva-Bindu bekannt ist, ein mathematischer Punkt ohne irgendeine Größenordnung.

Noch einmal weist ein Konzept im Tantra eine verblüffende Ähnlichkeit mit einem Konzept auf, das in der modernen Physik gefunden wird. Das makrophysikalische schwarze Loch und Shiva-Bindu sind identisch. Darüber hinaus gleicht die Vorstellung davon, daß ein schwarzes Loch ein Photon ist, das sich in seinen eigenen Schwanz beißt, einer Beschreibung in den tantrischen Lehren. Darin wird erklärt, daß sich um Shiva-Bindu Shakti windet. Dieses Shakti kann man sich als mathematische Linie vorstellen, die den Punkt berührt, um den sie auf jeder Seite gewickelt ist. Da der Punkt und die Linie keine räumliche Größe oder Dimension besitzen, kann man sie sich als ein und denselben, anderen Punkt Bindu vorstellen. Diese Linie ist bekannt als Kundalini Shakti, da sie einer Kundala (Spirale) gleicht. Die Kundalini Shakti wird mit einer Schlange (Bhujangi) verglichen, da sie sich zusammenringelt, wenn sie schläft, und, wenn sie wach ist, sich schlängelnd bewegt, wovon die kreisenden Umlaufbahnen der Planeten zeugen – oder wie sie in den tantrischen Lehren genannt werden, das »Brahmanda« oder, »die Eier des Brahma«.[89]

Wechselseitige Verbundenheit der Quanten und allumfassendes Sein

Die radikalste Behauptung, die von den neuen Physikern aufgestellt wurde, ist sicherlich, daß das Konzept vom »Teilnehmer« die Vorstellung vom »Beobachter« ersetzt. Wie wir gesehen haben, führt diese mangelnde Unterscheidung zwischen Beobachter und dem Beobachteten zu einer Realitätssicht, die am besten mit dem Begriff allumfassend beschrieben werden kann. Wheelers Vorstellung von der wechselseitigen Verbundenheit der Quanten, daß jeder Punkt in Raum-Zeit verbunden ist, macht unser Universum zu einem riesigen Traumgebilde. Das heißt, unsere Wahrnehmungen von Raum und Zeit in einem Traum existieren nur bis zu dem Maße, wie wir sie uns vorstellen. Wir können von weiten Räumen, Feldern und Bäumen und Meeren träumen, aber diese besitzen kein Volumen. In einem Traum, wie auch in Wheelers Superraum, sind alle Punkte in dem Traum-Raum und der Traum-Zeit letztendlich mit allen anderen Punkten verbunden, und zwar mit Hilfe des Träumers.

Sarfatti stellt die Theorie auf, daß die realitätsstrukturierende Instanz auf der Möglichkeit basiert, daß Bewußtsein ein Biogravitationsfeld ist, ähnlich dem Gravitationsfeld, das die Struktur der Materie bestimmt. Dies gleicht der Aussage, daß Geist und Materie verschiedene Schwingungen oder Wellen im selben Teich sind. Wenn diese Hypothese zutrifft, können wir die Felder, welche das Bewußtsein und die Materie regieren, als Teil eines Kontinuums betrachten, ein Spektrum von Feldern innerhalb von Feldern. Auf der semantischen Ebene können wir Bewußtsein und Realität als ein Kontinuum bezeichnen. Wheelers Vorstellung vom Superraum und

Sarfattis eigene einheitliche Feldtheorie bringen deutlich zum Ausdruck, daß das Universum allumfassend ist.

Die Welt als Bewußtsein

In gleicher Weise legen die tantrischen Texte dar, daß es keine letztendliche Unterteilung zwischen Bewußtsein und Realität gibt. Sie definieren drei Bewußtseinsstufen, die man in dem Versuch, dies zu verstehen, durchläuft. Die erste ist eine dualistische Transformation des Bewußtseins, bekannt als Sadasiva oder Sadakhya-Tattva, wobei die Betonung auf dem Wort »dieses« liegt. Das allumfassende Bewußtsein wird durch die Maya verdunkelt, so daß das Objekt vom Selbst getrennt gesehen wird. Die zweite Stufe ist Ishvara-Tattva, wobei die Betonung auf dem Wort »ich« liegt. Die dritte Stufe ist Suddha-Vidya-Tattva, wobei die Betonung auf beiden Wörtern gleichermaßen liegt, und das Tantra sagt, daß auf dieser Stufe die Erleuchtung geschieht (Prakasamatra). Die Unterscheidung zwischen »ich« und »dieses« ist nicht mehr länger vorhanden.

Die tantrischen Lehren besagen, daß das Universum als eine Emanation des Geistes betrachtet werden kann. Die Erscheinung, daß das Universum physisch und objektiv ist, die Mahamaya, sei die größte Illusion. Aber das Universum ist nicht nur eine Projektion des Geistes. Jeder von uns trägt zu der Erschaffung der Projektion bei, sagen die tantrischen Lehren.[88]

Auch hier stimmen die Ansichten von Wheeler und Sarfatti wieder mit denen der Mystiker überein. Ob es sich nun um diejenigen handelt, die am Universum teilnehmen, oder um das allgemeine Spektrum aller lebenden Systeme, jede Interaktion zwischen Geist und Materie zerstört die subjektive bzw. objektive Dualität. Die Unterscheidung zwischen »ich« und »dieses« ist nicht mehr länger vorhanden, und die Realität muß als allumfassend betrachtet werden.

Zünden Sie eine Kerze in einem ruhigen, dunklen Raum an. Entspannen Sie sich in einer Haltung, die Sie ungefähr eine halbe Stunde lang beibehalten können. Entspannen Sie Ihren Körper und Ihren Geist, und beginnen Sie auf den Punkt zwischen den Augenbrauen zu meditieren. Wenn Sie wollen, befeuchten Sie diesen Punkt zwischen den Augenbrauen oder drücken mit den Fingern dagegen, so daß es Ihnen leichter fällt, Ihre Aufmerksamkeit darauf zu konzentrieren.

Blicken Sie auf die Kerze, das schmelzende Wachs, die flakkernde Flamme. Vertiefen Sie sich noch einmal in den Mittelpunkt zwischen Ihren Augenbrauen, und stellen Sie sich vor, daß auch hier eine Flamme brennt. Wenn Sie diese Flamme sehen können, schließen Sie Ihre Augen und stellen sich die Dunkelheit um sich herum vor. Das einzige Licht ist die Flamme zwischen Ihren Augenbrauen, die flackert und immer größer wird. In der Mitte der Flamme stellen Sie sich nun ein menschliches Auge vor, das geöffnet ist, ein wunderschönes, leuchtendes Auge mit Lidern und Wimpern. Sammeln Sie nun Ihr Bewußtsein und lassen es in das Auge einfließen.

Erkennen Sie nun, daß es gar keine Flamme ist, sondern das strahlende Licht, das aus dem Inneren dieses vollkommenen Auges ausstrahlt. Wenn Sie gelernt haben, durch dieses Auge zu sehen, werden Sie in der Lage sein, die Welt als allumfassend zu erkennen, so wie die Tantriker und auch die Physiker die Welt sehen, so sagen es die Mystiker.

Hari Om Tat Sat
Hari Om Tat Sat

SIEBTES KAPITEL
Die sich gegenseitig durchdringenden Universen

> Die Realität, die wir in normalen Bewußtseinszuständen erfahren, hängt von der konstruktiven Wechselwirkung der dynamischen Phasen der »Aktionen« zusammen, welche mit jedem der unendlichen Anzahl von koexistierenden Universen verbunden sind. Ich vermute, daß Bewußtsein in der Lage ist, die Muster der konstruktiven Wechselbeziehung zu verändern, so daß separate, aber gleichermaßen wirkliche Realitäten erschaffen werden.
>
> JACK SARFATTI und BOB TOBEN: *Space-Time and Beyond*

Das Wunder von Fátima

An einem regnerischen Tag, dem 13. Oktober 1917, versammelten sich 70 000 Menschen in Cova Da Iria, Fátima, Portugal, um einem Wunder beizuwohnen. Sechs Monate vorher hatten drei Kinder, Lucia Dos Santos und Francis und Jacinta Marto, als erste eine Frauenerscheinung in einem Lichtkegel gesehen, die über einem Baum schwebte. »Habt keine Angst«, sagte sie zu ihnen. »Ich komme vom Himmel.« Die heilige Jungfrau von Fátima versprach den Kindern, daß sie, wenn die Kinder in sechs aufeinanderfolgenden Monaten zur selben Zeit im Monat an den Platz zurückkehren würden, bei ihrem letzten Erscheinen ein Wunder vollbringen würde.

Die meisten Menschen in der Menge konnten die Jungfrau von Fátima nicht sehen; nur die Kinder hatten dieses Vergnügen. Aber 70 000 Zuschauer sahen etwas, was sogar die überzeugtesten Skeptiker erschüttert haben muß. Während sie beobachteten, kam eine riesige silberne Scheibe aus den Wolken, die immer schneller rotierte, je näher sie auf die Pilgerscharen zukam. Als das Objekt in der Luft Zauberkünste vollführte, begann es seine Farbe zu verändern und nahm alle Farben des Regenbogens an. Dann kam es herunter zu den erschrockenen Leuten und trocknete ihre regennassen Kleider mit einer wunderbaren Hitzewelle. Der Herausgeber der Lissaboner Tageszeitung *O Seculo,* Avelino de Almeida, berichtete: »Die Sonne ›tanzte‹, um den Begriff zu zitieren, den die Bauern benutzt hatten, um das Wunder zu beschreiben. Die meisten bestätigten, daß sie gesehen hatten, daß die Sonne zitterte und tanzte; andere sagten jedoch, daß sie das lächelnde Gesicht der heiligen Jungfrau selbst gesehen hatten, und schworen, daß die Sonne wie ein Feuerwerks-Sonnenrad rotiert hätte und daß sie so niedrig heruntergekommen sei, daß sie die Erde mit ihren Strahlen versengt hätte.«[1]

Auf den ersten Blick scheint das Wunder, das 70000 Menschen in Fátima bezeugt hatten, zwei Erklärungen zu haben. Entweder war es eine Massenhalluzination oder die heilige Jungfrau erzeugte die Lichterscheinung, die von Zeugen bis in eine Entfernung von 40 Kilometern gesehen wurde. Lassen wir für einen Augenblick die Möglichkeit beiseite, daß es tatsächlich die heilige Jungfrau war. Was sollen wir mit dem Begriff »Massenhalluzination« anfangen? Solche gemeinsamen Visionen oder »folies à deux«, wie sie 70000 Menschen in Fátima erlebt haben, entziehen sich innerhalb der Realität, wie sie uns die klassische Physik darstellt, jeglicher Erklärung. Nur das Paradigma der Realität, das die neue Physik erschafft, liefert uns eine Erklärung. Dieses neue Paradigma ist das Thema des Kapitels.

Fliegende Untertassen und Lichtkugeln

In dem Buch *Fliegende Untertassen* berichtet C. G. Jung, wie er einer spiritistischen Séance beiwohnte, bei der vier der fünf Anwesenden einen Lichtkreis sahen, der über dem Bauch des Mediums schwebte. Jung, der fünfte Teilnehmer, sah nichts. Interessanterweise erklärt er, daß die anderen vier Personen es »absolut unverständlich« fanden, daß er den Lichtkreis nicht sehen konnte. Wie Jung darlegt, erfordert das, was »wir mit unseren eigenen Augen sehen« eine Realität, die mit unseren Vorstellungen von der objektiven Realität in Einklang gebracht werden kann.[46] Was ist dann mit der Lichtkugel, die über dem Bauch des Mediums schwebte, oder dem Sonnenwunder in Fátima? Sicherlich halten die 70000 Zeugen in Fátima ihre Erfahrung für real, aber innerhalb der Sprache und des Rahmens der klassischen Physik werden solche Visionen als nicht so real wie das physische Universum betrachtet. Nach den Erkenntnissen der neuen Physik sollte diese Annahme ziemlich suspekt erscheinen. Zu lange blieb der Begriff »Massenhalluzination« eine reine Bezeichnung und keine Erklärung.

Wenn wir das Phänomen der kollektiven Visionen wirklich verstehen wollen, müssen wir beginnen, unsere Erkenntnisse über eine objektive Realität zu überprüfen. Von dem Tag unserer Geburt an lernen wir, daß es eine strikte Gemeinsamkeit unserer Wahrnehmungen gibt. Was eine Person als Baum oder Berg wahrnimmt, muß auch eine andere Person als Baum oder Berg wahrnehmen. Wenn zwei Menschen abweichende Wahrnehmungen haben, sind wir so konditioniert, daß wir vermuten, daß etwas nicht stimmt. Der Grund, warum wir dieses Gefühl haben, liegt darin, daß wir glauben, daß es ein physisches Universum »dort draußen« gibt. Wenn daher die Blinden von Cathay über ein Objekt stolpern und dabei eine Wand, ein Kissen, eine Schlange und eine Weinrebe fühlen, kann unser Geist das Objekt nur als eine Sache begreifen (unser Geist, der von den westlichen Denkstrukturen indoktriniert ist). Es kommt uns niemals in den Sinn, daß ein Gegenstand gleichzeitig eine Wand, ein Kissen, eine Schlange und eine Weinrebe sein könnte. Wahrnehmungen müssen demokratisch sein.

Dieser Glaube wird durch Experimente, die an der Harvard-Universität durchgeführt wurden, in ausgesprochen dramatischer Weise demonstriert. Diese Experimente beschäftigten sich mit dem sozialen Druck bei der Beurteilung von Wahrnehmungen. Als Testpersonen gebeten wurden, die Länge einer Linie mit der von einer der drei gegebenen Linien richtig zu vergleichen, traf weniger als ein Prozent die »falsche« Entscheidung. In einer Gruppe jedoch, in der die Mehrheit zuvor angewiesen worden war, einstimmig die »falsche« Linie auszuwählen, wurde die Entscheidung der nicht eingeweihten Teilnehmer spürbar beeinflußt. Unter dem Druck der Gruppe stimmte die Minorität mit den »falschen« Beurteilungen der Majorität zu 36,8 Prozent überein, selbst wenn die Länge der beiden vermeintlich gleich langen Linien um fast 20 Zentimeter differierte. In seinem Buch *Opinions and Social Pressure* sagt Solomon E. Asch: »Es ist eine sehr ernste Angelegenheit, mit der wir uns beschäftigen müssen, daß wir festgestellt haben, daß die Tendenz zur Konformität in unserer Gesellschaft so stark ist, daß vernünftige, intelligente und wohlmeinende junge Menschen bereit sind, Weiß als Schwarz zu bezeichnen.«[2]

Warum haben wir einen so extremen Drang nach Konformität unserer Wahrnehmungen? Ganz einfach deshalb, weil wir gelernt haben, konform zu gehen. J. R. Smythies weist darauf hin, daß die Welt des Kindes quasi-halluzinatorisch ist; wenn die Kinder größer werden, lernen sie, bestimmte Aspekte ihrer Realität zu ignorieren, die von den Erwachsenen als halluzinatorisch betrachtet werden.[71] In Piagets Buch *The Child and Reality* wird das Ausmaß, in dem Wahrnehmung erlernt wird, sehr deutlich und offensichtlich. Immer wieder zeigt Piaget, daß die Meinung, daß Wahrnehmung angeboren oder genetisch bedingt ist, bisher immer noch nicht bewiesen ist. Das Kind lernt, geometrische Formen zu sehen; das Kind lernt, dreidimensional wahrzunehmen; das Kind lernt, eine Beziehung zwischen Objekten herzustellen etc. etc. Die Fähigkeit wahrzunehmen kann angeboren sein, aber es ist klar, daß wir lernen, was wir wahrnehmen.[63]

Menschen, die keine Fotografien sehen können

Es sollte daher wenig erstaunen, daß Menschen in Gesellschaften, die noch nicht lesen können, bestimmte Arten von Bildern wie Fotografien und Filme nicht sehen können. In einer Abhandlung, die von Professor John Wilson vom Afrikanischen Institut der Londoner Universität verfaßt wurde, beschreibt er, wie den primitiven Stammesmitgliedern eines afrikanischen Dorfes ein Film gezeigt wurde, der ihnen die Methoden der Hygiene beibringen sollte. Zu Wilsons Überraschung war keiner der 30 Dorfbewohner, die den Film beobachteten, in der Lage, ihn zu sehen. Als sie gefragt wurden, was sie gesehen hatten, konnten sie nichts darauf erwidern, außer der kuriosen Tatsache, daß sie alle ein Huhn gesehen hatten (das für sie eine religiöse Bedeutung gehabt haben könnte), das einen Augenblick lang in dem Film aufgetaucht war. Wie Wilson es ausdrückt, war das Huhn »das einzige Stück Realität für sie«.[87]

Die Umwelt, wie wir sie wahrnehmen, ist unsere Erfindung

Der bekannte Kybernetiker Heinz von Foerster weist darauf hin, daß der menschliche Geist nicht das wahrnimmt, was »da« ist, sondern das, wovon er glaubt, daß es da ist. Wir können sehen, weil die Retina unseres Auges Licht von der Außenwelt absorbiert und die Signale ans Gehirn übermittelt. Dasselbe gilt für alle unsere Sinnesrezeptoren. Unsere Retina sieht jedoch keine Farbe. Sie ist »blind«, wie von Foerster es ausdrückt, und zwar gegenüber der Qualität ihrer Stimulation, und sie reagiert nur auf deren Quantität. Er sagt: »Dies sollte nicht erstaunen, da es in der Tat ›dort draußen‹ kein Licht und keine Farbe gibt, dort gibt es nur elektromagnetische Wellen; ›dort draußen‹ gibt es keinen Klang und keine Musik, es gibt dort nur periodische Variationen des Luftdrucks; ›dort draußen‹ gibt es keine Hitze und keine Kälte, es gibt dort nur sich bewegende Moleküle mit mehr oder weniger durchschnittlicher kinetischer Energie usw., und schließlich gibt es ›dort draußen‹ mit Sicherheit keinen Schmerz. Da die physische Natur des Stimulus – seine Qualität – nicht in nervöser Aktivität verschlüsselt ist, stellt sich die fundamentale Frage, wie unser Gehirn diese enorme Vielfalt der farbigen Welt heraufbeschwört, wie wir sie in jedem Augenblick, wo wir wach sind, und manchmal auch in unseren Träumen, während wir schlafen, erfahren.«

Die Antwort lautet natürlich, daß unser Gehirn das wahrnimmt, was wir uns vorstellen. Die Wahrheit dieser Aussage wird in den Experimenten der Harvard-Universität deutlich, und in der Tatsache, daß Kinder progressive Stadien der Wahrnehmungsentwicklung durchlaufen – anstatt mit der Fähigkeit geboren zu sein, wie man wahrnimmt und was man wahrnehmen soll. Wir werden nicht in die Welt hineingeboren. Wir werden in etwas hineingeboren, das wir zu unserer Welt machen. Oder mit den Worten von von Foerster: »Unsere Umwelt, wie wir sie wahrnehmen, ist unsere Erfindung.« Von Foerster möchte damit jedoch nicht sagen, wie er ausführt, daß »dies die lächerliche Vorstellung von anderen Realitäten neben der einen und einzigen Realität, unserer geschätzten Umwelt, beinhaltet«. Um diesem Gedanken entgegenzuwirken, behauptet er, daß »kognitive Prozesse nicht Armbanduhren oder sogar Galaxien berechnen, sondern die besten Beschreibungen solcher Gegebenheiten liefern«.[37]

Was ist »dort draußen«?

Hier kommen wir zu der zentralen Frage. Es ist offensichtlich, daß wir im Bereich der Wahrnehmung eine Relation erreicht haben, die Heisenbergs Unschärferelation analog ist. Wir beobachten die physische Welt nicht. Wir nehmen an ihr teil. Unsere Sinnesorgane sind nicht von dem getrennt, was »dort draußen« ist, sondern sie sind sehr eng mit einem höchst komplexen Feedbackprozeß verbunden, dessen Endergebnis darin besteht, tatsächlich das zu erschaffen, was »dort draußen« ist. Nun taucht die zwingende Frage auf: Was ist »dort draußen«?

Die große Mehrheit der Wissenschaftler, wie auch von Foerster, behauptet, daß dort draußen die »eine Realität« ist, »unsere geschätzte Umwelt«. Wir haben uns so daran gewöhnt, am Universum teilzunehmen, das wir mittels unserer Wahrnehmung erschaffen haben, daß wir ganz einfach annehmen, daß es ein »dort draußen« gibt. Bei genauerer Betrachtung wird die Vorstellung von einem »dort draußen« lächerlich. Wir haben keinen Beweis dafür, daß es ein »dort draußen« gibt. In der Tat, wie können wir hoffen, von der Existenz von etwas zu wissen, das es jenseits der Sinneswahrnehmung gibt und das mittels Definition nicht erkannt werden kann? Die Physiker können uns hier nicht zu Hilfe kommen. Sie haben ihr eigenes Stück Maya entdeckt. In der Hoffnung, Elektronen zu finden, haben sie herausgefunden, daß das Bewußtsein das findet, was es finden möchte. Wenn das Feld des Bewußtseins sich in einem Kontinuum mit dem Feld der Materie-Raum-Zeit befindet, können wir nur erwarten, ein »dort draußen« zu finden, weil wir glauben, daß es existiert. Wir können auch John Lilly zustimmen, wenn er behauptet: »Im Wirkungskreis des Geistes, der mit jedem anderen Geist verbunden ist, ist das, was das Netzwerk für wahr hält, entweder wahr oder es wird innerhalb bestimmter Grenzen erfahrbar und experimentell für wahr befunden.«[54]

Wir können vermuten, daß die Realität des »dort draußen« dieselbe ontologische Gültigkeit besitzt wie Schrödingers Katze. Alles ist in seinem Gegenteil begründet. Wenn das Ja oder Nein von Schrödingers Katze abhängig davon ist, welche Realität das Bewußtsein ausschaltet, muß das Ja oder Nein eines Universums (dort draußen) in dieselbe Kategorie eingeordnet werden.

Ein sterbender Dämon

In Jungs Erlebnis mit der kollektiven Vision finden wir nun, daß die Lichtkugel, die über dem Bauch des Mediums schwebte, dieselbe Realität besitzt wie die Bilder in dem Film, den Wilson den afrikanischen Dorfbewohnern zeigte. Einen Schlüssel zu unserem Rätsel können wir in Carlos Castanedas Buch *Reise nach Ixtlan* finden. Castaneda ist ein Anthropologiestudent, der von Don Juan Matus, einem Yaqui-Indianer und Zauberer, als sein Schüler ausgewählt wird. Am 19. August 1961 informierte Don Juan Carlos, daß er einen Platz in der Wüste kenne, wo sie einen Geist finden könnten. Dies war »der Ort der Kraft« des Geistes, und Don Juan instruierte Castaneda, ihn an diesen Platz zu begleiten. Nach einer langwierigen Suche in der Wüste fanden die beiden den Geist schließlich in der Gestalt eines zusammengerollten Hundes. Wie Castaneda beschreibt, war die Kreatur groß genug, um ein braunes Kalb sein zu können. Sie war jedoch zu kompakt, um ein Kalb zu sein, und, wie Don Juan erläuterte, ihre Ohren waren zu spitz. Während sie das Tier beobachteten, zitterte es, und Castaneda erkannte, daß etwas mit ihm nicht stimmte. Wie er erklärt: »Ich konnte keine besonderen Merkmale an ihm festzustellen. Don Juan machte ein paar vorsichtige Schritte auf das Tier zu. Ich folgte ihm. Es war inzwischen recht dunkel geworden, und wir mußten noch zwei Schritte näher treten, um das Tier sehen zu können. ›Paß auf‹, flüsterte Don Juan mir ins Ohr. ›Wenn es ein sterbendes Tier ist, kann es uns mit letzter Kraft anspringen.‹« Als Castaneda das Tier beobachtete, schien es in den letzten Zügen zu liegen. Es gab einige unmenschliche Laute von sich und streckte seine Beine von sich, während es weiterhin zitterte. Als es sich auf den Rücken rollte, sah Castaneda, daß das Ungeheuer offensichtlich ein Säugetier war, aber es hatte einen Schnabel wie ein Vogel. Plötzlich geschah etwas sehr Außergewöhnliches.

Wie Castaneda schreibt: »Ich wollte, daß Don Juan mir erklärte, was für ein unglaubliches Tier dies sei, doch ich konnte ihm nur etwas zumurmeln. Er starrte mich an. Ich schaute zu ihm, dann auf das Tier, und dann brachte irgend etwas in mir die Welt wieder ins Lot, und ich wußte plötzlich, was dieses Tier war. Ich trat hinzu und hob es auf. Es war ein großer Zweig von einem Busch.«[22]

Das Ertragen der Vision

Mit unserer westlichen Art des Denkens empfinden wir womöglich eine gewisse Erleichterung bei Castanedas Entdeckung – als hätten wir damit alles geklärt. Don Juan weist jedoch auf etwas hin, das die Mystiker schon immer über die Realität wußten. Unsere Erleichterung ist ein Fehler, und wir haben bei unserer Suche nach der Realität einen riesigen Rückschritt gemacht. Auf die Frage: War der sterbende Geist wirklich vorhanden?, antwortet Don Juan: »In dem Moment, als die Kraft den Zweig berührte, war er ein wirkliches Tier und lebendig. Da das, was ihn lebendig machte, die Kraft war, kam es darauf an, genau wie beim Träumen, den Anblick auszuhalten.«[22] Wenn wir glauben, daß eine Realität »dort draußen« existiert, sind wir wahrscheinlich geneigt zu reagieren wie Castaneda. Wir ordnen die Welt so lange, bis wir wieder mal unsere eigene geliebte Umwelt wahrnehmen. Wir sind wie Jung und erkennen die Lichtkugel nicht. Aber wir sollten vorsichtig sein und ihre Wirklichkeit nicht verleugnen. Es ist mit Sicherheit so wie mit Schrödingers Katze. Ihre

Wirklichkeit und ihre Unwirklichkeit hängen einzig und allein davon ab, wie das Kollektiv die Welt ordnet.

Zu welcher Realitätssicht führt uns dies? Lawrence LeShan weist darauf hin, daß innerhalb des Rahmens unserer klassischen Realitätssicht klar ist, daß Phänomene wie Castanedas sterbender Dämon gänzlich unmöglich sind. Präkognition, kollektive Visionen und ähnliche Phänomene können in der Welt, so wie wir sie gebaut haben und auf sie reagieren, nicht existieren. »Das Problem besteht darin« bekräftigt LeShan, »daß diese Phänomene auftauchen.« Wie er es ausdrückt: »Der Beweis, und er ist da – handfest, wissenschaftlich und faktisch – für jeden, der hinschaut, ist nicht von der Hand zu weisen. Wir müssen etwas gegen das Paradox unternehmen.«[53]

Um mit dieser Situation fertig zu werden, geht LeShan von der Annahme aus, es gebe zwei Realitäten. Die erste Realität ist die Wirklichkeit, die wir in unserer Alltagserfahrung kennengelernt haben. Sie enthält feste Gegenstände und leeren Raum. Sie ist in eine lineare Zeitabfolge fest eingebunden, in der unsere Wahrnehmungen durch die Grenzen der Gegenwart streng begrenzt sind. Und was am wichtigsten ist, in dieser Realität ist unser Geist klar getrennt und unterschieden vom Universum um uns herum. Um die Existenz von paranormalen Phänomenen zu erklären, behauptet LeShan, daß sozusagen eine zweite Realität existiere. Diese zweite Realität ist jedoch die Realität außerhalb des Lichtkegels. Es ist ein Bereich »irgendwo« und liegt jenseits unserer Raum-Zeit.

Das Problem dieser Sichtweise besteht darin, daß sie eine enorme Vereinfachung darstellt. Auch hier halten wir wiederum an unserer Vorstellung von unserer geliebten Umwelt fest. Wir tappen herum wie die Blinden von Cathay auf der Suche nach kompakten, hierarchischen Konzepten. Es ist einfacher zu glauben, daß es eine Realität, unsere geliebte Umwelt, gibt, außerhalb derer eine andere, paranormale Realität liegt, als zu glauben, daß keine derartige Realität existiert. Dies führt uns zu der Vermutung – die auch Jack Sarfatti äußert –, daß die Illusion der einen Realität ein Resultat der konstruktiven Wechselbeziehung aller möglichen Realitäten ist.

Keine Welt läßt sich direkt berühren

Jerome S. Bruner vom Zentrum für kognitive Studien der Harvard-Universität neigt dazu, nicht an eine Welt zu glauben, die der »direkten Berührung« zugänglich ist. Er behauptet, daß wir uns unsere eigene Welt vorspiegeln und dann auf unsere Vorspiegelungen reagieren.[19] Dies entspricht dem, was uns die Mystiker die ganze Zeit mitteilen wollten. Wie Borges annimmt, haben wir die Welt erträumt. Die Konsequenzen der neuen Physik zerstören unsere Vorstellungen von einer Realität »dort draußen«. Wenn der menschliche Geist tatsächlich einen Einfluß darauf hat, welches Ergebnis das Experiment mit Schrödingers Katze haben wird, wie könnte es dann möglicherweise nur eine Realität geben? Nehmen wir beispielsweise einmal an, daß zwei Individuen, welche die realitätsstrukturierenden Mechanismen des menschlichen Geistes entwickelt haben, an Schrödingers Experiment teilnehmen. Angenommen sie besitzen beide dieselbe Kontrolle über die Realität, was würde geschehen, wenn der eine gerne wahrnehmen möchte, daß Schrödingers Katze überlebt, und der andere, daß sie stirbt? Sicherlich würden beide das Ergebnis konstruieren, das sie sich wünschen. Wahrscheinlich würden sie in einer Situation enden, die der von Jung ähnelt. Einer würde eine lebende Katze und der andere eine tote Katze wahrnehmen. Plötzlich befänden sich ihre Wahrnehmungen nicht mehr länger in einem Bereich der konstruktiven Wechselwirkung. Sie würden zwei verschiedene, aber gleichermaßen reale Wirklichkeiten wahrnehmen.

Im Alltagsleben ist die Illusion einer einzigen Realität das Ergebnis der konstruktiven Wechselwirkung aller möglichen Realitäten. Wir gestatten unseren Wahrnehmungen, dem allgemeinen Konsensus zu folgen, und der Konsensus bestimmt, welche Phantasmagorien wir als die willkürliche eine Realität auswählen. Das Paradigma, vor das uns die neue Physik stellt, besteht darin, daß es keine Realität »dort draußen« gibt. Wie das Feynman-Dirac-Aktionsprinzip vorschlägt, nämlich daß es keine einzige vergangene Geschichte des Universums gibt, können wir die Geschichte des Universums in der Viele-Welten-Hypothese so betrachten, daß das Universum keine einzige Gegenwart besitzt. Dann sind wir mit Schrödingers Katzen und Fátima konfrontiert.

Im Paradigma der neuen Physik haben wir die Welt erträumt. Wir haben sie uns vorgestellt als ewig, mysteriös, sichtbar, allgegenwärtig im Raum und stabil in der Zeit, aber wir haben uns auf kleine und ewige Intervalle der Unlogik in ihrer Architektur geeinigt, die wir für falsch halten. Wie Joseph Chilton Pearce beobachtet: »Es gibt keine Welt ›dort draußen‹, die der unbeteiligten Beobachtung zugänglich ist. Objektivität in Relation zur Realität ist eine naive Täuschung unsererseits ... ein universelles, allgemein verbreitetes Wissen wird geleugnet. Es scheint keinen Weltgeist zu geben, der uns einen Hinweis geben könnte, keine geheimen Wellenlängen für unsere Wahrnehmungsorgane.«[61]

Das Nagual und das Tonal des Don Juan

Auch dies haben uns die Mystiker wiederum schon immer gesagt. Wie Castaneda in seinem Buch *Der Ring der Kraft* darlegt, hatte Don Juan »bereits den Punkt erreicht, daß es keine Welt im großen und ganzen gibt, sondern nur eine Beschreibung von der Welt, die wir zu visualisieren gelernt haben und für gegeben hinnehmen«. Gemäß der Kosmologie von Don Juan hat die Realität zwei Aspekte, das Tonal und das Nagual. In Don Juans Denkweise ist das Tonal alles. In bezug auf die Blinden von Cathay ist es das einzelne »Etwas« oder die Form, die unser Geist der Welt verleiht. Es sind die Armbanduhren und die Galaxien – die endlosen Hierarchien von Gestaltungen, die das Bewußtsein für sich selbst erschafft, um uns die Illusion eines einzigen Universums zu vermitteln. Wenn das Tonal die illusorische eine Realität ist, können wir sie als den Bereich der konstruktiven Wechselbeziehung betrachten.

Das Nagual ist jedoch ein viel schwerer verständliches Konzept. Beim Beispiel der Blinden von Cathay können wir es als etwas betrachten, das gleichzeitig eine Wand, ein Kopfkissen, eine Schlange und ein Rebstock ist. Es ist Schrödingers Katze, die sowohl lebendig als auch tot ist; ein Bereich der destruktiven Wechselwirkung, mit der das Tonal unseres Geistes sich zu arrangieren bemüht. Dies ist der Grund, warum Castaneda so große Schwierigkeiten hatte, die Vision von dem sterbenden Geist auszuhalten. Wie Don Juan erklärte: »Wenn man es mit dem Nagual zu tun hat, soll man es nie direkt anschauen ... Die einzig mögliche Art, das Nagual anzusehen, ist, so zu tun, als ob es etwas ganz Alltägliches sei. Und man muß blinzeln, um die Fixierung zu lösen. Unsere Augen sind die Augen des Tonal, oder genauer gesagt, unsere Augen sind durch das Tonal geschult, daher erhebt das Tonal Anspruch auf sie. Eine der Ursachen für deine Verwirrung und deinen Verdruß ist, daß dein Tonal deine Augen nicht loslassen will. An dem Tag, da es dies tut, wird dein Nagual eine große Schlacht gewonnen haben. Du bist, oder besser: wir alle sind zwanghaft besessen von der Idee, die Welt nach den Gesetzen des Tonal zu arrangieren. Jedesmal, wenn wir dem Nagual gegenüberstehen, strengen wir uns daher ungeheuer an, unsere Augen starr und unnachgiebig zu machen.«[22]

Pearce gelangt zu einem ähnlichen Schluß: Unsere Welt ist »aus Worten geschaffen« (oder eine Schöpfung des Tonal). Unsere Realität ist eine semantische Schöpfung, die weitgehend aus unseren kulturellen Glaubensvorstellungen konstruiert ist. Daher ist das Tonal von Wilsons Augen nicht unbedingt das Tonal der Augen der afrikanischen Dorfbewohner. In einem unglaublichen Ausmaß wird das wahr, was wir für wahr halten. Was wir Realität nennen, haben wir in Wirklichkeit erlernt.

Wir könnten nun logischerweise erwarten, daß wir dem Nagual oder den Bereichen der destruktiven Wechselwirkung nur in solchen Fällen begegnen, in denen unsere Glaubensvorstellungen miteinander in Konflikt geraten. Wir können Tische, Stühle, Wolken und Bäume sehen, weil wir alle an Tische, Stühle, Wolken und Bäume glauben. Aber wir können nicht alle Lichtkugeln sehen, die über Medien schweben, oder sterbende Geister oder die heilige Jungfrau – nicht, weil es sie nicht gäbe, sondern weil sie in unserem Tonal nicht existieren. Im Nagual koexistieren alle möglichen Realitäten in einer undefinierbaren Anzahl von Universen.

Die Welt ist ein Traum

Die beste Betrachtungsmöglichkeit, das Nagual oder das Paradigma der Realität, wie es von den neuen Physikern dargestellt wird, besteht darin, diese als einen Traum zu betrachten. Die Behauptung, daß die Realität im wesentlichen traumähnlich ist, findet sich in vielen mystischen Quellen. Die tibetanische Madhyamika lehrt, daß man der Welt entsagen sollte, da sie so irreal ist wie Träume. Eine berühmte tibetanische Sadhana (eine spirituelle Disziplin) ist der Yoga des Traumzustandes oder Mi-lam. Im Mi-lam muß der Schüler lernen, jeden Aspekt des Traumzustandes zu kontrollieren. Indem der Milam-Schüler lernt, willentlich und ohne Unterbrechung des Bewußtseinsstroms zwischen Traum- und Wachzustand zu wechseln, strebt er danach, die ähnliche Natur von Träumen und der Erfahrung im Wachzustand vollständiger zu erkennen. In den meisten mystischen Lehren scheinen die Kontrolle über die Träume und die Erkenntnis der traumähnlichen Natur der Realität einen Hauptzweck zu verfolgen – den, nicht mehr so sehr am Tonal festzuhalten. Wie Don Juan Castaneda lehrt: »›Träumen‹ beinhaltete, eine besondere Kontrolle über seine Träume zu erlangen, und zwar bis zu dem Maß, daß die Erfahrung, die man im Traum macht, und die, die man in seinen wachen Stunden erlebt, dieselbe pragmatische Gültigkeit erlangen. Die Behauptung des Zauberers bestand darin, daß unter dem Einfluß des ›Träumens‹ die normalen Kriterien, einen Traum von der Wirklichkeit zu unterscheiden, unwirksam werden.«[22]

Das Paradigma von der Realität, wie es von den neuen Physikern dargestellt wird, läßt alle Kategorien des Realen und des Irrealen zusammenbrechen. So wie wir nicht mehr länger daran festhalten können, daß Schrödingers Katze entweder lebendig oder tot ist, können wir die objektive Welt nicht mehr als existierend oder nicht existierend betrachten. Genau das ist der Inhalt des buddhistischen Sprichwortes:

»Ist Gott tot?« Wenn Sie darauf mit Ja oder Nein antworten, verlieren sie ihre Buddhanatur. Im Buddhismus ist das Erlangen einer Buddhanatur gleichbedeutend mit dem letztendlichen Einswerden mit der allumfassenden Wirklichkeit. Die bisherigen Vorstellungen fallen wie Schuppen von den Augen, und plötzlich breiten sich die sich durchdringenden Universen vor unserem Bewußtsein aus.

Und was wird aus dem »dort draußen«, der einen, geliebten Realität? Was immer das Bewußtsein möchte. Wie Pearce es ausdrückt: »Der menschliche Geist spiegelt ein Universum, das den menschlichen Geist spiegelt.«[61] Wheelers Selbstbezogenheitskosmologie erschuf die Dichotomie von Geist und Universum an erster Stelle – eine Schlange, die sich in ihren eigenen Schwanz beißt, die Teilnahme derjenigen, die teilnehmen. Die Welt ist nur in dem Sinne real, in dem sie eine objektive Existenz für den individuellen Geist besitzt, und sie ist keine Projektion desselben. In einer Selbstbezogenheitskosmologie koexistieren Geist und Materie. Die Welt der Materie ist keine Projektion des individuellen Geistes, sondern ihre Realität ist mit der des individuellen Geistes koordiniert. In gewissem Sinne träumt sich daher das Universum selbst.

In seinem Buch *Ring der Kraft* sieht Castaneda seinen Doppelgänger, ein Spektralbild seiner selbst, und fragt Don Juan, ob er dies geträumt hat oder nicht. Eine solche Frage wird in einer Selbstbezogenheitskosmologie bedeutungslos. Wie Don Juan antwortet: »... wenn du dich nicht in deiner Schwelgerei verloren hättest, hättest du wissen können, daß du selbst ein Traum bist und daß dein Doppelgänger dich träumt, und zwar in der gleichen Weise, wie du ihn letzte Nacht geträumt hast.«[22]

Dasselbe gilt für die Jungfrau von Fátima. Die Realität der heiligen Jungfrau und tatsächlich die Realität aller Götter und kosmischen Hierarchien, die sich die Menschheit vorstellt, erlangt dieselbe pragmatische Gültigkeit wie die Wirklichkeit der Armbanduhren und Galaxien. Das Universum umfaßt alle Möglichkeiten, da das Bewußtsein sich alle Möglichkeiten vorstellen kann. In einer Selbstbezogenheitskosmologie gibt es mit Sicherheit irgendwo eine heilige Jungfrau, die an die 70000 Zeugen glaubt und an dem Phänomen teilnimmt – so sicher wie die 70000 Zeugen in Fátima an das Wunder des »Tanzes der Sonne« glaubten und an ihm teilnahmen. Wie Castaneda, der seinen Doppelgänger sah, träumen die Zeugen die Vision, und die Vision träumt die Zeugen.

Ein Blick in die Unendlichkeit

Mit Recht können wir vermuten, daß das Bewußtsein in der Lage ist, die Muster der konstruktiven Wechselwirkung zu verändern und getrennte, aber gleichermaßen reale Wirklichkeiten zu erschaffen. Die mystischen Traditionen aller Jahrhunderte sprechen von der Fähigkeit, separate Realitäten wahrzunehmen. In den Shakti-Tantras wird der dafür erforderliche Bewußtseinszustand als Turiya bezeichnet, eine Bewußtseinsstufe, in der die traumartige Natur der Welt klar erkannt wird. Die Sutras beziehen sich auf diesen Zustand als Samyak-Sambodhi. Wie der Zen-Meister Hui Hai sagt: »Samyak-Sambodhi ist die Erkenntnis der Identität von Form und Leere.«[14]

Blicken Sie einen Augenblick lang auf das Quadrat in der Abbildung. Existiert das Weiß an den weißen Begrenzungen? Dies entscheidet nur der Geist.

Oder wie Don Juan es ausdrückt: »Es geht darum, unsere einseitige Vorstellung davon zu überzeugen, daß es andere Welten gibt, die vor denselben Fenstern vorbeiziehen ... Daher sollten wir dafür sorgen, daß unsere Augen frei sind und wirkliche Fenster sein können. Die Augen können die Fenster sein, die die Langeweile durchdringen und einen Blick auf die Unendlichkeit werfen.«[22]

ACHTES KAPITEL
Die realitätsstrukturierende Instanz

Das Bewußtsein kann auf die Materie einwirken und sie transformieren. Diese letztendliche Umwandlung von Materie in Bewußtsein und vielleicht eines Tages sogar von Bewußtsein in Materie ist das Ziel des supramentalen Yoga, von dem wir später sprechen werden. Aber es gibt viele Entwicklungsstufen der Bewußtseinskraft, angefangen bei dem Suchenden oder Adepten, bei dem gerade der innere Wunsch nach Erwachen entsteht, bis hin zum Yogin und selbst unter den Yogins gibt es viele Stufen – genau hier beginnt die wahre Hierarchie.

SATPREM:
Sri Aurobindo oder das Abenteuer des Bewußtseins

An den Berghängen des Himalaja

In der vereisten Bergwelt des Himalaja, so heißt es, sollen Schüler des Hatha-Yoga, welche die Technik des Tum-mo üben, in der Lage sein, so viel Körperwärme zu erzeugen, daß sie wenig oder überhaupt keine Kleidung brauchen. Mit Hilfe verschiedener Visualisierungs- und Atemübungen stellt sich der Schüler ein kleines Feuer an der Basis der Wirbelsäule vor. Indem er sich darauf konzentriert, läßt er das Feuer über die Grenzen des Körpers hinaus sich ausbreiten und schließlich das ganze Universum ausfüllen. Um den Erfolg der Schüler bei der Tum-mo-Technik zu prüfen, kann der Meister verlangen, daß der Schüler in einer Winternacht nackt auf einem Berghang sitzt. Während dieser Zeit muß er Tücher trocknen, die in Eiswasser getaucht wurden und um seinen Körper gewickelt werden, indem er die Tücher dem Feuer seiner psychischen Hitze überläßt. Madame Alexandra David-Neel berichtet von Wettkämpfen zwischen Tum-mo-Novizen, die miteinander wetteifern, in der Zeit zwischen Sonnenuntergang und Sonnenaufgang so viele tropfnasse, eisige Tücher wie möglich zu trocknen. Vollendete Yogins sollen in der Lage sein, eine Eisplatte von mehreren Zentimetern Dicke schmelzen zu lassen, indem sie sich ganz einfach darauf setzen.[28]

Für den westlichen Geist stellen solche Darbietungen wie Tum-mo unglaubliche Einbrüche in die Realität dar, die wir intuitiv akzeptiert haben. Wenn Borges sagt, daß wir die Welt als allgegenwärtig im Raum und stabil in der Zeit erträumt haben, sind wir bereit, seine Vision intellektuell anzunehmen. Der Quantenphysiker könnte zwar einräumen, daß es keine physikalische Basis für die Materie gibt, wird aber dennoch die Suche nach einer physikalischen Grundlage fortführen.

Nach alledem ist ein Stuhl immer noch ein Stuhl. Die Vorstellung, daß er aus etwas unvorstellbar Winzigem und Zerbrechlichem besteht, scheint widerlegt zu sein, wenn wir mit unserer Faust auf den Stuhl schlagen. Der Gedanke, daß unser Geist die Festigkeit des Stuhls transzendieren und sich mit dem Superhologramm wirbelnder Wellen bzw. Teilchen beschäftigen sollte, als ob sie ein Traumbild oder eine Phantasmagorie unserer Imagination wären, liegt unserer Erfahrung so fern, daß es schwierig ist, dies zu ergründen, geschweige denn, darüber erstaunt zu sein.

Aber wir haben die Welt erträumt. Und der Tum-mo-Adept sitzt unempfindlich gegenüber der Kälte da. Tum-mo könnte jedoch nur ein schwacher Abglanz der Kräfte sein, die dem menschlichen Bewußtsein zur Verfügung stehen, wenn das wahr ist, was die Physiker sagen. Im Superhologramm der Realität sollte das Bewußtsein beispielsweise in der Lage sein, tatsächlich Materie zu erschaffen. Für unser westliches Denken ist dies das letztendliche Wunder – der endgültige Beweis, daß das Nichtphysische, das Bewußtsein, über die physische Welt herrscht.

Die tantrische Mystik, sowohl die tibetanische als auch hinduistische, sagt viel über die Struktur der Materie aus, das der Weltsicht der Quantenphysiker entspricht. Einstein hat uns gelehrt, daß Materie und Energie austauschbar sind: $E = mc^2$, Materie ist gleichbedeutend mit hochverdichteter Energie. Dieselbe Weltsicht wurde von den alten Tantrikern vertreten, die jedoch eine besondere Betonung auf das Teilnehmerprinzip legten. Materie ist verdichtete Energie, aber sie ist die verdichtete Energie des Bewußtseins selbst. Wie in der Mundaka-Upanischade geschrieben steht: »Durch die Energie des Bewußtseins erhält Brahma Masse; daraus wird Materie geboren, und aus der Materie Leben und Geist und die Welten.«

Tantra weist jedoch auf einen sehr wichtigen Punkt hin, nämlich daß die Realität letztendlich eine Illusion oder Maya ist. In diesem Zusammenhang können wir uns Materie nicht entweder als existent oder nicht existent vorstellen. Das Bewußtsein kann wahrhaftig Materie erschaffen – es gibt so etwas wie Materie nicht. Es gibt nur die konstruktive Wechselbeziehung der sich gegenseitig durchdringenden Universen.

Auch Don Juan betont diesen Punkt, wenn er Castaneda sagt, daß das Tonal nicht alles erschaffe. Das Tonal ist nur ein Zeuge. Nach Don Juan ist es das Nagual, das erschafft. Das Nagual ist die Realität, die jenseits unserer Wahrnehmungen liegt. Sie umfaßt alle möglichen Realitäten. Demgemäß erschafft das Bewußtsein in Schrödingers Experiment keine lebende oder tote Katze. Vielmehr entscheidet es sich, in welchem Universum es Zeuge sein möchte. Das Nagual enthält sowohl die lebende als auch die tote Katze, und das Bewußtsein entscheidet sich nur für das Tonal, das es wahrnehmen möchte. Es ist ganz einfach Zeuge.

»Aber was ist demnach Kreativität, Don Juan?« fragte Castaneda. »Dies ist Kreativität«, antwortete Don Juan. Er hob die rechte Hand über den Kopf und bog das Handgelenk ruckartig nach unten, als ob er eine Türklinke niederdrücke. Dann brachte er seine hohle Hand auf die Höhe von Castanedas Augen. Wie Castaneda ausführt: »Ich brauchte unheimlich lange, um meine Augen auf seine Hand einzustellen. Ich hatte das Gefühl, als halte eine durchsichtige Folie meinen ganzen Körper in einer starren Haltung fest und als müsse ich diese durchbrechen, um meinen Blick auf seine Hand richten zu können. Ich kämpfte, bis mir der Schweiß in die Augen rann. Schließlich hörte oder spürte ich einen Knall, und meine Augen und mein Kopf waren frei. Auf seiner rechten

Handfläche hockte das seltsamste Nagetier, das ich je gesehen hatte.«[22]

Don Juan fordert Castaneda auf, das Tier anzufassen, und zu seinem Erstaunen stellt Castaneda fest, daß es ein weiches, pelziges, physisches Etwas ist. Aber Don Juan enthüllt ihm sehr bald, daß das Tier nur eine mentale Schöpfung ist. Wie Castaneda schreibt: »Dann fing das Nagetier in Don Juans Hand an zu wachsen. Und während in meinen Augen immer noch Lachtränen standen, wurde das Nagetier so riesig, daß es aus meinem Blick verschwand. Es wuchs buchstäblich über meinen Gesichtskreis hinaus.«[22]

Tulpas und Projektionen des Geistes

In der tibetanischen Mystik wird die Realität von solchen mentalen Schöpfungen nicht bezweifelt. Gemäß der tibetanischen Tradition, nach der der Geist die Welt der Erscheinungen erschafft, kann ein Yogameister physische Objekte oder »Tulpas« erschaffen, indem er die Kräfte des Bewußtseins entwickelt. Wie W. Y. Evans-Wentz sagt: »Der Prozeß besteht daraus, einer Visualisation eine greifbare Existenz zu verleihen, in sehr ähnlicher Weise wie ein Architekt seinen abstrakten Konzepten konkreten dreidimensionalen Ausdruck verleiht, nachdem er ihnen zunächst in den zwei Dimensionen seiner Blaupause Ausdruck verliehen hat.«[33]

In ihrem Buch *Magic and Mystery in Tibet* berichtet Alexandra David-Neel von vielen Tulpas und sogar von einer eigenen Erfahrung, bei der sie ihre Gedankenformen erschuf. Wie sie erklärt, zog sie sich in ihr Zelt zurück und machte sich daran, die vorgeschriebenen Riten und Übungen zur Gedankenkonzentration zu praktizieren. Nachdem sie dieses Ritual einige Monate lang ausgeübt hatte, begann sie, für kurze Augenblicke einen Phantom-Affen zu sehen, ihre beabsichtigte Tulpa. Sie sagt: »Seine Form wurde allmählich fest und nahm ein lebendiges Aussehen an. Er wurde eine Art Gast, der in meiner Wohnung lebte. Dann unterbrach ich die Zeit meiner Zurückgezogenheit und begab mich auf eine Wanderung mit meinen Dienern und Zelten. Der Affe schloß sich der Gesellschaft an. Obwohl ich unter freiem Himmel lebte und jeden

Tag meilenweit auf dem Rücken meines Pferdes saß, hielt die Illusion an. Ich sah den dicken Trapa, ab und zu war es nicht einmal notwendig, daß ich an ihn dachte, um ihn erscheinen zu lassen. Das Phantom vollführte einige Handlungen von der Art, die für Reisende natürlich sind und die ich nicht befohlen hatte. Beispielsweise ging er, blieb dann stehen und sah sich um. Die Illusion war meist visuell, aber manchmal hatte ich das Gefühl, als ob ein Mantel leicht an mir rieb, und einmal schien eine Hand meine Schulter zu berühren.«[28]

Alexandra David-Neel erklärt, daß ein Hirte die Gedankenform Lama sogar sehen konnte. Mit der Zeit war seine Gegenwart jedoch unerwünscht, und zu ihrer Bestürzung erforderte es eine ebenso lange Zeit, nämlich sechs Monate, um das Phantom wieder aufzulösen. Auch hier wird jedoch noch einmal betont, daß die Realität oder Irrealität der Tulpa nicht ausschlaggebend ist. Die Basis der tibetanischen Mystik besteht darin, daß die Welten und alle Phänomene, die wir wahrnehmen, Trugbilder sind, die aus unserer Vorstellungskraft geboren werden. Die Tulpa ist wie Schrödingers Katze. Weder existiert sie, noch existiert sie nicht. Oder wie es Don Juan ausdrücken würde, das Tonal von Alexandra David-Neels Phantom-Affen ist nur dazu da, um bezeugt zu werden.

Der Tanz des Chöd

Dies ist der wichtigste Punkt in der tibetanischen Mystik. Die Welt wird durch den Geist erschaffen. Egal wie starr das Tonal unsere Augen kontrolliert, egal wie fest wir an ein »dort draußen« glauben, das getrennt und vom Bewußtsein unabhängig ist, müssen wir diese Tatsache berücksichtigen.

Um zu beweisen, daß sie dies wirklich erkennen, unterwerfen sich tibetanische Schüler des Yoga der Visualisierung einer gefährlichen Prüfung – einem Ritual, das als Tanz des Chöd bekannt ist. Im Tanz des Chöd muß der Schüler zunächst über sehr hochentwickelte Visualisierungskräfte verfügen. Dann sucht er sich einen abgeschiedenen Ort wie einen Canyon oder einen Friedhof und vollführt den Tanz. Nachdem er eine Horde schrecklicher Tulpa-Dämonen und eine Tulpa oder einen Doppelgänger des Schülers heraufbeschworen hat, beginnt das Ritual. Der Schüler muß vollkommen ruhig bleiben und die Dämonen dazu zwingen, seinen Tulpa-Doppelgänger anzugreifen. Er selbst muß äußerste Gelassenheit bewahren, da die abscheulichen Gedankenformen an den Gliedmaßen des Doppelgängers zerren, ihm die Eingeweide herausreißen und ihn auffressen.

Wenn der Schüler der festen Überzeugung ist, daß die Realität der Dämonen traumartig ist, werden sie ihn in keinster Weise verletzen können. Wenn seine Überzeugung jedoch schwankt, riskiert er, wahnsinnig zu werden oder sogar zu sterben. Sich mit Dämonen oder dem Tonal zu konfrontieren, die jenseits der konstruktiven Wechselbeziehungen unserer einen geliebten Umwelt liegen, ist sehr gefährlich, da man sich mit dem Nagual selbst konfrontiert. Wie Don Juan warnt: »Niemand kann eine vorsätzliche Begegnung mit dem Nagual ohne langes Training überleben. Es braucht Jahre, um das Tonal auf eine solche Begegnung vorzubereiten. Wenn ein normaler Mensch dem Nagual von Angesicht zu Angesicht entgegenträte, dann wäre der Schock so stark, daß er sterben könnte. Das Training eines Kriegers verfolgt also nicht das Ziel, ihn das Zaubern oder Hexen zu lehren, sondern das, sein Tonal vorzubereiten, damit es nicht stirbt. Ein sehr schwieriges Unterfangen! Der Krieger muß lernen, unfehlbar und vollkommen leer zu sein, bevor er auch nur daran denken kann, dem Nagual zu begegnen.«[22]

Die Visualisierung geistiger Formationen

Alexandra David-Neel berichtet über viele Fälle, in denen tibetanische Schüler, die sich dem Tanz des Chöd unterzogen haben, am nächsten Morgen tot aufgefunden wurden. Sie suchte einen alten tibetanischen Weisen namens Kushog Wanchen auf und fragte ihn, ob er diese mysteriösen Todesfälle erklären könne. Der Weise antwortete auf ihre Frage: »Diejenigen, die gestorben sind, wurden von der Angst getötet. Ihre Visionen waren die Kreationen ihrer eigenen Vorstellungskraft. Derjenige, der nicht an Dämonen glaubt, würde niemals von ihnen getötet werden.«

Erstaunt fragte einer der Schüler des Weisen: »Folglich

müßte ein Mann, der nicht an die Existenz von Tigern glaubt, darauf vertrauen, daß kein Tiger ihn jemals verletzen würde, selbst wenn er mit einer solchen Bestie konfrontiert würde.« Kushog Wanchen antwortete: »Die Visualisierung von geistigen Bildern, ob dies absichtlich geschieht oder nicht, ist ein höchst mysteriöser Prozeß. Was wird aus diesen Schöpfungen? Könnte es nicht sein, daß, wie Kinder, die aus unserem eigenen Fleisch und Blut geboren werden, diese Kinder unseres Geistes ihr Leben von unserem abtrennen, unserer Kontrolle entgleiten und nun ihre eigene Rolle spielen?«[28]

Dies ist natürlich die letztendliche Botschaft der tibetanischen Mystiker. Wenn wir zulassen, daß unsere mentalen Schöpfungen unserer Kontrolle entgleiten, erlangen sie eine Wirklichkeit, die der Wirklichkeit der physischen Welt gleicht. Aber wenn wir unsere Traumtiger ignorieren und sie mit derselben unfehlbaren Haltung ignorieren, die Don Juan von dem Krieger verlangt, dann wird ihre Realität in der Tat transzendiert. Es ist wie mit dem Hohepriester der Tamilen, der ignoriert, daß Feuer brennt. Es ist wie mit dem Tum-mo-Adepten, der die Kälte ignoriert. Die gleiche innere Unbeweglichkeit, die das Bewußtsein zwingt, stur am Tonal festzuhalten, kann auch umgekehrt funktionieren.

Wenn das, was die Mystiker und die Physiker sagen, wahr ist, befinden wir uns an der Schwelle eines höchst bemerkenswerten Zeitalters. Die Physiker sagen, daß die Rolle, die das Bewußtsein spielt, berücksichtigt werden muß. Die Welt ist allumfassend. Aber die meisten von uns sind nicht wie der Hohepriester der Tamilen oder der Tum-mo-Schüler. Wir haben wenig, wenn überhaupt irgendeinen Sinn dafür, daß Bewußtsein die Realität strukturiert. Wir sind gezwungen, uns entweder den alten Texten oder den erleuchteten Meistern zuzuwenden, um die Informationen zu erlangen, nach denen wir suchen.

Die tantrischen Lehren sagen, daß das Bewußtsein und die Instanz, welche die Realität strukturiert, synonym sind. Die realitätsstrukturierende Instanz oder Kraft wird in der mythischen Überlieferung von Shakti, dem weiblichen Gegenstück zu Shiva, repräsentiert. Es gibt viele Rituale und Praktiken, die angewendet werden, um Shakti heraufzubeschwören, aber die grundlegende Absicht all dieser Übungen bleibt dieselbe. Wie die tantrischen Lehren sagen, gibt es keinen Unterschied zwischen Shiva als dem Eigner der Kraft und Shakti als der Kraft selbst. Die Kraft des Bewußtseins ist Bewußtsein, und es ist Shiva-Shakti, was das phänomenale Universum ins Leben ruft.

Ungeachtet des jeweiligen Rituals basieren die Absichten der tantrischen Übungen zur Erlangung von Shakti auf der Voraussetzung, daß es keine endgültige Teilung zwischen Bewußtsein und Realität gibt. Wie bereits erwähnt wurde, definieren die tantrischen Lehren verschiedene intellektuelle Stadien auf dem Weg zu etwas, das wir allumfassendes Bewußtsein nennen könnten. Die Upanischaden sagen, daß im Traumzustand das Objekt in Form von mentalen Zuständen manifestiert wird. Im Wachzustand wird das Objekt in materiellen Zuständen manifestiert. Die Upanischaden raten, daß, um Macht über die Realität zu erlangen, ein Zustand von Turiya oder reinem Bewußtsein erlangt werden muß, in dem die physische Welt nicht mehr länger getrennt vom Geist gesehen wird.

In einem Buch über tantrische Praktiken schreibt John Blofeld: »Der nächste Schritt besteht darin, den Geist und die Phänomene in einen Zustand vollkommener Einheit zu bringen, indem man die identische Natur von Wach- und Traumzustand entdeckt und erkennt, daß Objekte und Geist, Gnade und Leere, das klare Licht und Leere, Weisheit und Leere miteinander verbunden sind wie Eis mit Wasser oder wie Wellen mit dem Meer.«[13]

Nun können wir fragen: Liegt der Schlüssel zum Verständnis und zur Kontrolle der Instanz, welche die Realität strukturiert, in einer geistigen Einstellung? Die Antwort lautet ja, aber Materie ist komplexer als dies. Nur sehr wenige von uns erkennen die absolute Macht des menschlichen Bewußtseins. In der Tat ist das der Grund dafür, warum wir in der Lage sind, unsere Existenz in unserer einen geliebten Umwelt aufrechtzuerhalten. Das Geheimnis der realitätsstrukturierenden Instanz liegt tatsächlich nur in einer geistigen Einstellung; aber die Realität, wie wir sie uns vorstellen, hält unsere Augen geschlossen. Wir können unsere Fragen folgendermaßen umformulieren: Wie können wir lernen, diese Einstellung zu kontrollieren?

Die Metaprogrammierung des Biocomputers

Um diese Frage zu beantworten, müssen wir den Standpunkt einnehmen, den Dr. John C. Lilly in seinem Buch *The Human Biocomputer* vertritt. Die Großhirnrinde funktioniert wie ein Computer, der die strukturell niedrigeren Ebenen des Nervensystems kontrolliert. Sie ist ein Biocomputer. Wenn man Sprache oder Symbole verwendet, analysiert, Metaphern bildet oder, kurz gesagt, lernt zu lernen, »metaprogrammiert« man den menschlichen Biocomputer.[54] In diesem Licht können wir die Anleitungen der alten Texte als Metaprogramme ansehen. Wenn wir uns selbst als getrennt von der Realität betrachten, ist diese Sichtweise selbst ein Metaprogramm. Wenn wir Traum- und Wachzustand als identisch erachten, ist diese Sichtweise ganz einfach ein anderes Metaprogramm. Das Metaprogramm, daß Träumen und Wachzustand identisch sind, ist die Bedingung dafür, den Biocomputer zu lehren, wie er die realitätsstrukturierende Instanz kontrollieren kann.

Vereinfacht ausgedrückt, gibt es demnach zwei Möglichkeiten, die realitätsstrukturierende Instanz auszulösen. Die erste findet sich in der Philosophie hinter den Visualisierungsritualen, die im Vajrayana-Buddhismus beschrieben werden. In Vajrayana durchläuft der Yogin ein starres Programm der mentalen Kontrolle, um dieselben Kräfte der Visualisierung zu entwickeln, wie sie von Alexandra David-Neel in ihrer Erschaffung einer Tulpa demonstriert wurden.

Jenseits von Gott

Obwohl die Vajrayana-Yogins sich selbst als Atheisten bezeichnen, vollbringen sie ihre Wunder mit Hilfe von verschiedenen Göttern und Göttinnen, denen sie in ihrem religiösen Tempel huldigen. Visualisierung heißt hier, ein Bild von einem der Götter oder einer der Göttinnen auszuwählen und sich bis ins kleinste Detail einzuprägen. Nach Monaten der Meditation und des Gebets muß der Yogin jedes Detail der Gottheit kennen – das Haar, die Haltung der Hände, die Art des Lächelns. Tag für Tag starrt der Yogin auf das Bild, bis er schließlich in der Lage ist, seine Augen zu schließen und die Gottheit dennoch bis ins kleinste Detail zu sehen. Dann fährt der Yogin mit den Visualisierungsritualen fort, bis er fähig ist, sich vorzustellen, daß er die Gottheit so sieht, als ob sie vor ihm stünde. Der Yogin muß die Fähigkeit erlangen, die Gottheit so klar »zu sehen« wie das Mobiliar oder andere physische Objekte im Raum. Gemäß dem Vajrayana werden auch andere in der Lage sein, die Gottheit zu sehen, wenn ein Yogin erst einmal die Fähigkeit der Visualisierung bis zu diesem Grad entwickelt hat, so wie der Hirte begann, Alexandra David-Neels Phantom-Affen zu sehen. Wie Blofeld sagt: »Mit zunehmender Übung wird sie so lebendig, als würde man sie in einem Traum sehen. Aber selbst das ist noch nicht genug. Wenn sich noch höhere Bewußtseinszustände einstellen, wird sie in einem noch viel realeren Sinne als eine Person existierend gesehen werden, geschweige denn als ein Traum; darüber hinaus haben Personen wie auch andere äußerliche Objekte der Wahrnehmung nur geringe Auswirkungen auf die Übung, wogegen das leuchtende Wesen die Kraft hat, unaussprechliche Gnade zu übermitteln und nach der Vereinbarung in einem Zustand des Einsseins mit dem Schüler zu bleiben und seine Gedanken und Handlungen zu reinigen.«[12] Wichtig ist, daß der Vajrayana-Yogin von Anfang an ein Atheist bleibt, der nicht an die Wesenheiten glaubt, die er heraufbeschwört; aber dies beeinflußt die Visualisierung der Gottheit nicht. Die Vajrayana-Philosophie erkennt an, daß es wichtig ist, den Biocomputer ganz einfach mit den richtigen Symbolen zu füttern, um die realitätsstrukturierende Instanz auszulösen. Der Religion wohnt eine immense Kraft inne. Es ist die Religion, die den Hohepriester der Tamilen in die Lage versetzt, durch das Feuer zu gehen. Es ist die Religion, die 70 000 Katholiken in die Lage versetzt, ihre Realität zu verändern und das Wunder von Fátima in einer Massenvisualisation wahrzunehmen. Religion ist ein Metaprogramm, eine

Anordnung von Symbolen, die es dem Biocomputer ermöglicht, mit den strukturell niedrigeren Ebenen des Nervensystems zu kommunizieren, welche die realitätsstrukturierende Instanz kontrollieren.

Wenn wir die Haltung nicht annehmen können, die notwendig ist, um die realitätsstrukturierende Instanz auszulösen, können wir, wie der Vajrayana-Yogin, ganz einfach eine willkürliche Religion wählen. Es ist leichter, an einfache kosmische Hierarchien zu glauben, als mit höchst abstrakten Begriffen wie dem Nagual oder der Leere umzugehen. Blofeld schreibt dazu: »Der Zweck der Visualisierung besteht darin, Kontrolle über den Geist zu gewinnen, sich in der Erschaffung mentaler Konstruktionen zu üben, Kontakt mit höheren Kräften herzustellen (die selbst wieder Produkte des Geistes sind) und höhere Bewußtseinszustände zu erreichen, in denen die Nichtexistenz des eigenen Seins und der nichtdualistischen Natur der Realität von intellektuellen Konzepten in erfahrbares Bewußtsein transformiert wird – man glaubt nicht länger an die Nicht-Dualität, sondern man fühlt sie. Kurz gesagt, Visualisation ist Yoga des Geistes. Sie führt zu schnellen Resultaten, indem man Kräfte benutzt, die den Menschen nur auf tieferen Bewußtseinsebenen vertraut sind, deren sich normale Menschen nur selten bewußt sind, außer in Träumen. Dies sind Kräfte, mit denen der Geist das gesamte Universum erschafft und belebt; normalerweise liegt es nicht in unserer Hand, über diese Kräfte zu bestimmen, bis das falsche Ego negiert wird oder wir Mittel des Yoga anwenden, um seine Grenzen zu transzendieren. Unser individueller Geist, so wie er bisher beschaffen war, funktioniert wie eine kleine Pfütze, die vom großen Ozean isoliert ist.«[12]

Für unseren westlichen Geist mag die Tatsache, daß der Vajrayana-Yogin bekräftigt, ein Atheist zu sein, und dennoch einem ganzen Pantheon von Göttern huldigt, ein wenig unlogisch erscheinen. Aber das ist der gleiche Grund, warum wir so große Schwierigkeiten haben, mit Schrödingers Katzen umzugehen. Genauer gesagt, der Vajrayana-Yogin ist kein Atheist in dem Sinne, wie wir dieses Wort verstehen, sondern er betrachtet das Universum als etwas, das alle Möglichkeiten beinhaltet. Da alles eine Projektion des Bewußtseins ist, hängt die Existenz oder Nichtexistenz von Göttern und Göttinnen von unseren Metaprogrammen ab.

Ist Gott tot? Wenn Sie diese Frage mit Ja oder Nein beantworten, verlieren Sie Ihre Buddhanatur.

Der Vajrayana-Yogin erkennt, daß das erste Geheimnis in der Kontrolle der realitätsstrukturierenden Instanz liegt. Unser Bewußtsein ist allmächtig. Wir sind nicht allmächtig, da wir keine vollständige Kontrolle über das Bewußtsein besitzen. Da wir weitgehend beeinflussen, welch dürftige Kontrolle wir über den Biocomputer mit Hilfe von Symbolen besitzen können, fahren wir in unserer Evolution hin zur totalen Kontrolle des Bewußtseins damit fort, Metaprogramme in Form von Symbolen in den Biocomputer einzuspeichern. Religion ist wie ein Computerprogramm. Religiöser Glaube an ein Phänomen ist die erste Methode, um die realitätsstrukturierende Instanz dahin zu bringen, dieses Phänomen zu erschaffen.

Wie Blofeld darlegt, erzielt das Yoga der Visualisierung Resultate, in denen Kräfte verwendet werden, die uns nur auf tieferen Bewußtseinsebenen vertraut sind. Bevor man die strukturell niedrigeren Ebenen des Nervensystems programmieren kann (die Ebenen, welche die realitätsstrukturierende Instanz beherrschen), muß man in der Lage sein, die Großhirnrinde mit den geeigneten Symbolmustern zu programmieren. Damit gewinnen wir eine völlig neue Einstellung zur Religion. So wie der Physiker festgestellt hat, daß sich die Natur der Materie letztlich jeder einzelnen Struktur oder jedem übergeordneten Modell entzieht, läßt sich die Natur des Universums sicherlich nicht in ein einziges religiöses Modell einordnen. Indem er dies erkennt, transzendiert der Vajrayana-Yogin die Ausübung der Religion als eine reine kosmische Hierarchie, die dazu verwendet wird, das Universum zu erklären. Statt dessen wird die Religion zu unserem effektivsten Mechanismus, das Bewußtsein zu kontrollieren. Oder wie John Lilly sagt: »Gefühle wie Ehrfurcht werden als Energiequellen des Biocomputers erkannt und nicht als bestimmender Faktor der Wahrheit, das heißt der Qualität von

Modellen versus Realitäten.«[54] Auf denselben Punkt weist Joseph Chilton Pearce hin: Unsere Realität ist »aus Worten erschaffen«, ganz einfach deshalb, weil unser Bewußtsein unsere Realität erschafft und Bewußtsein, wie wir gelernt haben, es zu begreifen, vorwiegend linguistisch erfahren wird.[61] Kurz gesagt, symbolische Systeme (religiöse oder sonstige) sind die Metaprogramme, die definieren, wie das Bewußtsein das Universum konstruiert.

Die Energiezentren des menschlichen Nervensystems

Aber es gibt noch eine zweite Möglichkeit, die realitätsstrukturierende Instanz zu beeinflussen, sagen die Mystiker: indem man die Metaprogramm-Anteile der Großhirnrinde umgeht und sich einzig und allein darauf konzentriert, ein Yoga der Kontrolle über das Zentralnervensystem zu entwickeln. Gemäß den tantrischen Lehren ist das Zentralnervensystem die realitätsstrukturierende Instanz. Diese Lehren behaupten, daß im Zentralnervensystem eine enorme Energie eingeschlossen ist. Wenn sie von der Basis der Wirbelsäule aus gelöst wird, kann sie die Wirbelsäule hinauf zum Gehirn fließen. Entlang der Wirbelsäule befinden sich verschiedene Räder psychischer Energien (Chakras), welche die Körperfunktionen steuern. Es heißt, daß die Chakras Knoten sind, durch welche die Seele an den Körper gebunden ist. An der Basis der Wirbelsäule ruht diese psychische Energie beim normalen Menschen. Mythologisch wird sie als Schlange oder Kundalini dargestellt. Mit den geeigneten Meditationstechniken kann der Mensch die Kundalini erwecken und nach oben durch jedes Chakra aufsteigen lassen, wobei die Knoten der Seele gelöst werden, bis das Schlangenfeuer das Gehirn erreicht und Befreiung erlangt wird.

In seiner Biographie von Sri Aurobindo beobachtet Satprem: »Im allgemeinen sind diese Zentren beim ›normalen‹ Menschen geschlossen oder lassen nur den notwendigsten Energiefluß durch, der für seine reine Existenz notwendig ist; er ist wirklich in sich selbst eingemauert und kommuniziert nur indirekt mit der Außenwelt, innerhalb eines sehr begrenzten Kreises; in der Tat sieht er keine anderen Menschen oder

Dinge, er sieht sich selbst in anderen, in anderen Dingen und überall woanders; er kann nicht aus sich heraus. Mit Hilfe des Yoga öffnen sich diese Zentren.«[69]

Im allgemeinen gibt es zwei Möglichkeiten, die dazu verhelfen, die Zentren zu öffnen: Die traditionelle Yogamethode und die Yogamethode von Sri Aurobindo. Mit verschiedenen Übungen kann der Mensch eines Tages eine Energie fühlen, ähnlich einem plötzlichen Stoß oder Prickeln, welches an der Basis der Wirbelsäule erwacht und von Chakra zu Chakra bis zur Spitze des Kopfes emporsteigt, das man fühlt, wenn man einem tiefbewegenden Musikstück lauscht. Die Energie fließt in einer Wellenbewegung, wie eine Schlange, durchdringt jedes Chakra (was anatomisch den verschiedenen Nervensträngen des Körpers entspricht) und erzeugt ein wirbelndes Gefühl *(Abbildung 18)*.

Bei den meisten Techniken des Yoga werden die Zentren der Reihe nach von unten nach oben geöffnet. Im Yoga von Sri Aurobindo geschieht jedoch das Gegenteil. Sie werden von oben nach unten geöffnet. Auf diese Weise, so glaubt Sri Aurobindo, öffnet die absteigende Energie die Zentren sanf-

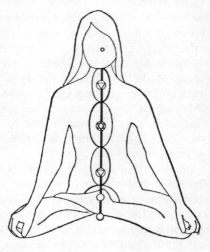

Abbildung 18

ter und langsamer. Wie Satprem schreibt: »Dieser Prozeß hat einen Vorteil, wenn wir verstehen, daß jedes Zentrum einem universellen Modus von Bewußtsein oder Energie entspricht; wenn wir damit beginnen, die unteren vitalen und unterbewußten Zentren zu öffnen, riskieren wir, nicht von unseren eigenen, unbedeutenden persönlichen Angelegenheiten überschwemmt zu werden, sondern von universellen Schlacken; wir werden automatisch mit der Verwirrung und den Schlacken der Welt verbunden. Aus diesem Grund verlangen die traditionellen Yoga-Techniken ausdrücklich die Gegenwart eines Meisters, der zum Schutz der Schüler da ist. Mit der absteigenden Kraft vermeidet man diese Gefahr, und wir konfrontieren uns mit den niedrigen Zentren erst, nachdem wir unser Sein fest im höheren, überbewußten Licht verankert haben. Wenn man erst einmal im Besitz dieser Zentren ist, beginnt der Suchende, Dinge, die Welt und sich selbst in seiner Realität zu erkennen, wie sie sind, da er nicht mehr länger äußere Signale, zweifelhafte Worte, Gesten, diese ganze eingekerkerte, dumpfe Show, aufnimmt, noch die trügerische Oberfläche der Dinge, sondern die reine Vibration in jedem einzelnen Ding, jedem Wesen, in jedem Stadium, die durch nichts getarnt werden kann.«[69]

Eine »biologische Basis der Religion«

Gopi Krishna berichtet, daß nach vielen Jahren der Meditation oder Metaprogrammierung eine Energie in ihm freigesetzt wurde, die in seinem Körper mit gefährlichen Folgen explodierte.

Ohne die Führung entweder eines Meisters oder eines der alten Texte war es Gopi Krishna gelungen, das Schlangenfeuer zu erwecken. Da er keine Führung hatte, war er allerdings nicht in der Lage, die psychischen Energien zu kontrollieren, und mußte feststellen, daß sein ganzer Körper in diesem schmerzvollen Licht brannte. Es war genau dieser physiologische Prozeß, der in die falschen Bahnen gelenkt worden war, der ihn in die Lage versetzte, die ganze physiologische Basis der Yoga-Transformation zu erkennen: eine »biologische Basis der Religion«. In seiner Verzweiflung schrieb

Gopi Krishna an Indiens berühmtesten Heiligen und Weisen, Sri Aurobindo persönlich, und informierte ihn über das schmerzende Feuer, das durch seine Wirbelsäule raste. Sri Aurobindo antwortete, daß es Gopi Krishna gelungen war, das siebte Chakra zu öffnen, und daß er nun einen Tantra-Yogin finden müsse, um zu lernen, es zu kontrollieren.[51]

Wir können für die selbst herbeigeführten Gefahren wie diejenigen, denen Gopi Krishna begegnete, dankbar sein. Unser Glauben an die physische Realität, das Superhologramm, ist fanatisch. In der Tat ist die Neurophysiologie des Biocomputers so beschaffen, daß sie das erreichen kann, was wir eine kognitive Homöostase nennen könnten. Der Kybernetiker Heinz von Foerster weist auf diesen Punkt hin: »Das Nervensystem ist so organisiert (oder organisiert sich selbst), daß es eine stabile Realität hervorbringt.«[37]

Die Abstufung der Bewußtseinsebenen

Dies ist glücklicherweise so, denn wenn wir plötzlich entdekken sollten, daß die Masse der gesamten Raum-Zeit-Konstruktion des Universums in einem empfindlichen Gleichgewicht ist, das von unserem Geist abhängt, könnten wir verrückt werden. Der menschliche Geist reagiert oftmals sehr negativ auf kleine Veränderungen in der subjektiven Realität, die durch Halluzinogene wie zum Beispiel LSD hervorgerufen werden. Wir können das Nagual nicht für sehr lange Zeit erfahren. Unser Geist erzeugt eine »stabile Gleichmäßigkeit« für sich selbst und fühlt sich mit dieser Stabilität wohl.[59] Die selbst eingebauten Sicherheitsvorkehrungen im menschlichen Nervensystem halten uns davon ab, die Türen zu den Sternen zu schnell zu öffnen.

Aber sie werden sich öffnen. Nachdem wir unsere verschiedenen Tänze des Chöd absolviert haben, liefert uns die Konvergenz von Mystik und neuer Physik das richtige Metaprogramm – das Metaprogramm, um unsere eigenen Realitäten zu erschaffen. Das Nervensystem ist die realitätsstrukturierende Instanz. Jeder von uns nimmt am Universum teil und erschafft die gesamte Raum-Zeit-Konstruktion. Die Schwingungen, welche wir als Materie wahrnehmen, die Brownschen Bewegungen, zu denen wir unbewußt beitragen, sind alle Schöpfungen des Geistes. Wie Sri Aurobindo schreibt: »Die Erscheinung der Stabilität wird durch ständige Wiederholung und Wiederkehr der gleichen Schwingungen und Formationen erzeugt.«[8] In seiner Biographie von Sri Aurobindo beschreibt Satprem die Lehren des Meisters: »... da es immer die gleichen Wellenlängen sind, die wir anziehen, oder vielmehr, die sich an uns festmachen, entsprechend den Gesetzen unseres Milieus und unserer Erziehung, kehren immer wieder dieselben mentalen, vitalen oder sonstigen Vibrationen durch unsere Zentren wieder, die wir automatisch, unbewußt, unbestimmt verwenden; aber in Wirklichkeit befindet sich alles in einem ständigen Fluß, und alles fließt uns aus einem Geist zu, der viel umfassender ist als unserer, nämlich universell; eine Vitalität, die viel größer ist, als unsere, nämlich universell; oder aus Bereichen die niedriger und unbewußt sind; oder höher und überbewußt. Daher ist dieses kleine frontale Sein umgeben, überschattet, gestützt, überlagert und bewegt von einer ganzen Hierarchie von ›Welten‹ ... oder, wie Sri Aurobindo sagt, von einer Abstufung von Bewußtseinsebenen.«[69]

Die Lehren von Sri Aurobindo sind identisch mit den Andeutungen von John A. Wheeler. Ob es nun die ganze Hierarchie der Welten oder der Garten der sich gabelnden Wege ist, mit dem wir ringen, die Konsequenzen bleiben dieselben. Die Abstufungen der Bewußtseinsebenen entscheiden, ob Schrödingers Katze das Experiment überlebt oder nicht. Was bleibt nach alledem noch übrig? Wie Satprem antwortet: »Um die Wahrheit zu sagen, nicht viel, oder alles, je nach der Ebene, auf die sich unser Bewußtsein einstellt.«

Die Menschheit befindet sich an der Schwelle zum Unglaublichen. Das Wunder des Hohepriesters der Tamilen schwindet angesichts der Konsequenzen des Ausmaßes der realitätsstrukturierenden Instanz dahin. Wie Pearce beobachtet: »Wenn einige wenige Menschen die Kausalität in isolierten Fällen umkehren können, was könnten Menschen, die wahrhaftig miteinander übereinstimmen, als Masse mit umfangreichen Statistiken anstellen?«[61] Die Antwort lautet:

Was immer sie in den Grenzen ihrer Kreativität tun wollen. Sind der Kreativität Grenzen gesetzt? Ja und nein. Ja, weil die Grenzen selbst Metaprogramme und das, was wir von ihnen glauben, sind; nein, weil sie zusätzlich auch noch grenzenlos sind.

Der Tum-mo-Schüler sitzt auf einem Berghang im Himalaja und trocknet gelassen seine eisigen Tücher. Um es mit den Worten der RigVeda (II. 24. 5) zu sagen: »Mühelos geht eine Welt in die andere über.«

Um Tom-mo zu praktizieren oder die psychische Hitze zu erzeugen, setzen Sie sich in einer entspannten Position hin und visualisieren, daß Ihr Körper vollkommen leer wird wie ein Ballon. Wenn nötig, beginnen Sie bei den Fingern und den Zehen und arbeiten Sie sich durch den Körper hindurch, bis Sie sich vorstellen können, daß Ihre gesamte Form nichts anderes als eine leere Muschel ist. Dann visualisieren Sie Ihren Körper in verschiedenen Größen – so groß wie das ganze Universum oder so klein wie ein Senfkorn –, aber vollkommen hohl. Wenn die Vision vom hohlen Körper ziemlich klar wird, stellen Sie sich vor, daß sich eine kleine, mandelförmige Flamme zu einem Punkt an der Basis der Wirbelsäule hin verjüngt, wie eine gebogene Nadel. Während Sie langsam ein- und ausatmen, stellen Sie sich vor, daß Ihre Brust wie ein Blasebalg funktioniert, der das Tum-mo-Feuer schürt. Visualisieren Sie, wie das Feuer heller und heller wird, bis es den ganzen Raum in Ihrem hohlen Körper ausfüllt. Wenn Sie es als eine strahlende Wärme spüren, die Ihren gesamten Körper ausfüllt, stellen Sie sich vor, daß sich Ihre Körperhülle auflöst und sich die Wärme in das ganze Universum ausbreitet. Wenn Sie dies richtig gemacht haben, werden Sie die Kontrolle über die psychische Hitze erlangen.

NEUNTES KAPITEL
Die neue Kosmologie

> Was also war der Anfang der ganzen Materie? Existenz, die sich aus der reinen Freude am Sein heraus selbst multiplizierte und Trillionen von Formen annahm, so daß sie sich selbst unzählbar fand.
>
> Sri Aurobindo: *Thoughts and Glimpses*

Das kosmische Versteckspiel

Es gibt einen Hindumythos über das Selbst des Universums, das seine ganze Existenz als eine Form von Spiel wahrnimmt. Da das Selbst jedoch ist, was ist, und es alles ist, was ist, hat es niemand anderen, der getrennt von ihm ist, mit dem es spielen kann. Gemäß der Hinduüberlieferung spielt es daher ein kosmisches Versteckspiel mit sich selbst. Es nimmt ein Kaleidoskop von Gesichtern und Fassaden an – eine verblüffende Unendlichkeit von Masken und Formen, bis es die lebende Substanz des gesamten Universums geworden ist. In diesem Versteckspiel kann es 10 Billionen Leben erfahren, durch 10 Billionen Augen sehen und zehnbillionenmal leben und sterben. Schließlich erwacht das Selbst jedoch aus seinen vielen Träumen und erinnert sich an seine wahre Identität. Es ist das eine und ewige Selbst des Kosmos. Das Spiel beginnt. Das Spiel endet.

Bei weitem die unglaublichste Erkenntnis, die wir aus der Konvergenz von Mystik und neuer Physik gewinnen können, ist, daß in den kommenden Generationen unser Leben radikal und drastisch verändert werden kann. In der Tat, wenn die Konsequenzen eines solchen Zusammenflusses zum Tragen kommen, wird das Leben in etwas so Andersartiges transformiert werden, daß seine Beschreibung jenseits unserer Sprache liegen wird. Wir befinden uns am Rande des Wunderbaren. Unsere Mystiker und Weisen – die Wächter an der Schwelle, die ein wenig weiter gereist sind, als es unsere realitätsstrukturierende Instanz erlaubt – liefern uns nur einen vagen Schlüssel zur Unendlichkeit der Universen, die jenseits davon liegen.

Die neue Physik liefert uns auch eine wissenschaftliche Basis für die Religion. Dies ist in der Geschichte der westlichen Zivilisation etwas Neues, und seine Auswirkungen werden sicherlich in jedem Aspekt unseres Lebens verspürt werden. Aber ich möchte zur Vorsicht raten: Die Religion, welche die neue Physik vertritt, ist keine Religion der Werte oder absoluten Prinzipien. Sie liefert uns keine klare Beschreibung des Himmels oder der Hölle. Es handelt sich um eine Religion, die auf der Psychologie des menschlichen Bewußtseins basiert – in der Tat auf der Psychologie des gesamten Universums als einer bewußten Kraft, die aus sich selbst heraus wirkt. In dieser neuen Religion werden wir die Spielregeln, nach denen die Philosophen und Theologen so lange gesucht haben, nicht finden. Was wir finden werden, ist ein Einblick in uns selbst, ein wenig kosmisches Versteckspiel, in dem wir erkennen, daß keine Regeln als solche gefunden werden können. Wir stellen die Regeln auf. Wir spielen das Spiel. Der Zweck dieses Kapitels besteht darin, einige dieser Regeln zu überprüfen und daraufhin das Spiel an sich zu untersuchen – die neue Kosmologie, wie sie durch die Konvergenz von Mystik und neuer Physik vorgeschlagen wird.

Jeder, der sich auf mystische Gedankengänge einläßt, wird immer wieder auf Einblicke in andere Realitäten stoßen, wie sie viele Menschen in allen Zeiten und Kulturen erfahren haben. Angefangen bei Gilgamesch im babylonischen Epos und der Offenbarung des Johannes bis hin zu Zeitgenossen, haben Menschen Welten erfahren, die kein Teil unseres objektiven Universums zu sein scheinen.

Black Elk spricht

Oft sind diese Welten in ihrem Glanz und ihrer Szenerie traumähnlich. In dem Buch *Black Elk Speaks* von John G. Neihardt gibt etwa ein Medizinmann der Oglala Sioux viele Beschreibungen von visionären Realitäten, die er erfahren hat. Eine beschreibt er folgendermaßen: »... ich schwebte mit dem Kopf voran durch die Luft. Meine Arme waren ausgestreckt, und alles, was ich zunächst sah, war eine einzelne Adlerfeder direkt vor mir. Dann wurde die Feder zu einem gefleckten Adler, der vor mir tanzte, wobei er mit seinen Flügeln schlug, und dabei stieß er den schrillen Adlerschrei aus. Mein Körper bewegte sich überhaupt nicht, aber ich sah nach vorne und schwebte mit hoher Geschwindigkeit in die Richtung, in die ich schaute.«[58] Oftmals wird die visionäre Realität als die letztmögliche Realität interpretiert, wie im Falle von Black Elk. Meistens nehmen Zeugen diese anderen Welten als die Regeln des Spiels wahr – die umfassenden und leuchtenden himmlischen Hierarchien, die jedem religiösen System eine Art kosmische Wahrheit verleihen. In seinem Buch *The Tiger's Fangs* beschreibt Paul Twitchell seine außerkörperlichen Erfahrungen und seine Astralreisen in den »spirituellen« Bereich. Eine seiner Astralreisen schildert er als einen Besuch in der Stadt Sahasra-dal-Kanswal, wie Twitchell sie nennt, der Hauptstadt der spirituellen Welt: »Alles schien aus weichem, weißem Gestein zu bestehen, das im rötlichen Sonnenlicht glänzte, das für das Auge nicht sichtbar war. Runde, weiße Kuppeln ragten über hohe Mauern wie orientalische Tempel, und überall gingen Menschen leichtfüßig, hocherhobenen Hauptes und mit leuchtenden Augen spazieren, so als ob das Leben eine absolute Gnade wäre. Von irgendwoher erklang wundervolle Musik. Über ihren Köpfen flogen fremdartige, quadratische Objekte durch die Luft.«[74]

Aufgrund des unglaublichen Sinneseindrucks der himmlischen Welten, so wie sie von Visionären wie Black Elk und Paul Twitchell erfahren wurden, werden sie irrtümlich als die eine Kosmologie interpretiert, der eine Blick auf das, was jenseits von Raum-Zeit liegt. Aber es besteht ein großer Unterschied zwischen diesen anderen Realitäten und dem illusorischen einen physischen »Universum«, das wir uns selbst erschaffen. Im physischen Universum haben wir uns selbst glauben gemacht, daß Bewußtsein getrennt und fern von Materie-Raum-Zeit ist. Daher sind unsere Augen Augen des Tonal. Aber in den visionären Realitäten ist das Bewußtsein offensichtlich ein anderer Aspekt von Materie-Raum-Zeit. Oder, anders ausgedrückt, Materie-Raum-Zeit ist offensichtlich ein anderer Aspekt des Bewußtseins. In einer Stellungnahme zu den visionären Realitäten oder »Ort II« beobachtet Robert A. Monroe, »daß die Realität in ›Ort II‹ aus tiefsten Wünschen und schrecklichsten Ängsten zusammengesetzt ist. Der Gedanke ist Aktion, und keine Mauern der Konditionierung oder Einschränkung schirmten das innere Selbst von anderen ab.«[(56)]

Wenn der menschliche Geist die Fähigkeit besitzt, diese anderen Realitäten zu erfahren, wo befinden sie sich dann. Die mystische Erklärung bestand schon immer darin, daß das Bewußtsein den physischen Körper verläßt und in diese Realitäten reist. Es gibt zahllose okkulte Lehren über den Menschen, in denen die Vorstellung zum Ausdruck gebracht wird, daß der Mensch einen oder mehrere spirituelle oder Astralkörper besitzt, die vom physischen Körper getrennt sind. Diesen Standpunkt nimmt Monroe ein, wenn er sich auf die Lage von Ort II bezieht: »Die einleuchtendste (Erklärung) ist das Wellen-Schwingungs-Konzept, das von der Existenz einer unendlichen Vielzahl von Welten ausgeht, die alle auf verschiedenen Frequenzen wirken, und eine von ihnen ist die physische Welt.« Wie Monroe es sieht, kann diese unendliche Vielzahl von Welten denselben Bereich besetzen, der von unserer physischen, materiellen Welt besetzt wird, so wie die vielen Wellenfrequenzen im elektromagnetischen Spektrum gleichzeitig denselben Raum einnehmen können, wobei ein Minimum an Interaktion stattfindet. Monroe ist der Ansicht, daß die vielen Welten nur unter sehr seltenen Bedingungen miteinander in Wechselwirkung treten. Er sagt: »Wenn wir diese Voraussetzung berücksichtigen, kann man die Frage nach dem »Wo« treffend beantworten. »Wo« ist »hier«.[(56)]

Wir können die psychologischen Aspekte dieser anderen Welten jedoch nicht ignorieren. Wie bereits erwähnt wurde, beschrieb John C. Lilly verschiedene Experimente mit diesen angenommenen anderen Welten, während derer er sich selbst in einem von allen Sinneseindrücken abgeschlossenen Raum isoliert hatte. Lilly hält diese Reisen in andere Welten mehr für Reisen tief in unseren eigenen Geist – in die Metaprogramme des menschlichen Biocomputers. Wie er sagt: »Möglicherweise ist der in dieser Schrift dargelegte Standpunkt einer der sichersten in Hinsicht auf all diese Phänomene, das heißt, die formalistische Ansicht, in der man von der Annahme ausgeht, daß der Computer selbst all die erfahrenen Phänomene erzeugt. Dies ist eine in der modernen Wissenschaft akzeptierte Annahme. Es ist die sogenannte Annahme des gesunden Menschenverstandes. Sie ist für die Kollegen in der Wissenschaft akzeptabel.«[54]

Was ist die Antwort? Sind diese anderen Realitäten tatsächlich Orte, wie wir sie uns vorstellen, oder existieren sie nur in unserem Kopf? Im Paradigma der Realität, wie es sowohl von der Mystik als auch von der neuen Physik aufgestellt wird, wird eine solche Frage bedeutungslos. Viele Mystiker warnen die Schüler, nicht an sogenannte »Astralebenen« in Form von Schichten zu denken, die unser Universum überlagern. Wie Swami Panchadasi sagt: »Die Ebenen liegen im Raum nicht übereinander. Sie haben keine räumliche Unterscheidung oder Abstufung.« Swami Panchadasi bringt eine Ansicht zum Ausdruck, die an die Null-Dimensionalität erinnert, die in John A. Wheelers Superraum die drei Dimensionen transzendieren: »Sie durchdringen sich gegenseitig im gleichen Punkt des Raums. Ein einziger Punkt des Raums kann Manifestationen von jeder und allen sieben Ebenen des Seins besitzen.«[60]

Ob es nun die sich gegenseitig durchdringenden Universen von Wheelers Quantengeometrodynamik oder die sich durchdringenden Astralebenen in Swami Panchadasis Lehren sind, die Botschaft bleibt dieselbe. Um es mit den Worten von Panchadasi auszudrücken: »Eine Ebene des Seins ist kein Ort, sondern ein Zustand des Seins.«[60] Im Paradigma der neuen Physik ist das Universum selbst kein Ort. Wie Don Juan warnt, gibt es keine Welt »dort draußen«, sondern nur eine Beschreibung von der Welt. Mit der Einführung des Teilnehmerprinzips wird das gesamte Materie-Raum-Zeit-Kontinuum des physischen Universums zu einem Zustand des Seins.

Lawrence LeShan räumt ein, daß es Phänomene gibt, die sich nicht in den klassischen Rahmen der Realität einordnen

lassen. Er geht daher davon aus, daß es zwei Realitäten gibt
– unser physisches Universum, das klaren Gesetzen unterworfen ist, und eine paranormale Realität, in der die normalen Gesetze von Raum und Zeit mißachtet werden. LeShan vertritt die Ansicht, daß wir die Gegebenheiten, die beiden Arten von Realitäten innewohnen, in zwei unterschiedlichen Weisen betrachten.

Strukturelle und funktionelle Einheiten

Wir sind »strukturelle Einheiten«, sagt LeShan. Das heißt, wir sind Einheiten, die Länge, Breite und Dichte besitzen. Nach seiner Meinung sind strukturelle Einheiten immer den »normalen« Gesetzen von Raum und Zeit unterworfen. Die zweite Art von Wesenheiten ist jedoch ganz anders. Wie LeShan es ausdrückt: »Die zweite Kategorie von Dingen könnten wir ›funktionelle Einheiten‹ nennen. Diese besitzen keine Länge, Breite oder Dichte. Sie können mit keiner Form von Instrumenten aufgespürt werden, obwohl man ihre Wirkungen oftmals messen kann. Sie sind nicht an die ›normalen‹ Gesetze von Raum und Zeit gebunden und bewegen sich beispielsweise oftmals schneller als Licht.«[53]

Als perfektes Beispiel für eine funktionelle Wesenheit führt er Wesen an, die durch Medien sprechen. Die kontrollierenden Wesen spiritistischer Medien liegen in der Grauzone zwischen zwei Erklärungen: erstens Wesen, die verstorbene Seelen von Toten sind, und zweitens abgespaltene Persönlichkeiten, die vom Bewußtsein des Mediums erschaffen werden. Keine der beiden Erklärungen reicht aus, um das Phänomen von Geistwesen zu verstehen, die Kontrolle über Medien ausüben.

Geistwesen scheinen einem anderen Bewußtsein zu entspringen. Oft besitzen sie Informationen, die das Medium nicht wissen kann. Jeder, der einmal einer seriösen Séance beigewohnt hat, weiß, daß das Geistwesen zu viele detaillierte Informationen liefert, als daß man diese nur als glückliche Zufallstreffer des Mediums bezeichnen könnte. Andererseits kann man das psychologische Element, das bei der Kontrolle eines Geistwesens auftritt, nicht verleugnen. Nur wenige Medien stehen in Kontakt mit Geistwesen, die nicht in einen romantischen Mythos passen, wie ein verschiedener Geist sein muß. Welches Medium hat keine ägyptische Prinzessin oder keinen indischen Meister zum Führer? Wenn Geistwesen solchen simplen Märchen-Stereotypen folgen, wird ihre Realität zweifelhaft und ihre psychologische und subjektive Natur offenkundig.

LeShan deutet an, daß Geistwesen in keine dieser beiden Erklärungen einzuordnen sind, und behauptet, der Grund, warum wir sie so schwer verstehen können, liege darin, daß wir versuchen, sie strukturell anstatt funktionell zu sehen: »Die Existenz solcher Wesenheiten unterscheidet sich beträchtlich von derjenigen struktureller Wesenheiten. Sie besitzen keine kontinuierliche Existenz, ob sie nun mental konzipiert sind oder nicht. Tatsächlich entsprechen sie der Formulierung, die Bischof Berkeley aufzustellen versuchte – sie existieren nur, wenn man sie sich geistig vorstellt; nur wenn man sie für existent hält.«[53] Funktionelle Wesenheiten sind daher wie ein mathematischer Punkt. Sie besitzen keine wahre Realität in Raum-Zeit, sondern man sollte sie sich als konzeptuelle Hilfsmittel vorstellen. Welche Realität das Geistwesen erlangt, hängt vom Geist des Mediums ab.

LeShans Standpunkt ist jedoch insofern problematisch, als er auf einer Unterscheidung basiert, die zu machen wir kein Recht haben. Wir halten uns selbst für strukturelle Wesen; wir nehmen an, daß das physische Universum strukturell ist. Im Paradigma der Realität, wie es von der neuen Physik unterbreitet wird, lassen sich unsere Vorstellungen vom Strukturellen aber nicht mehr aufrechterhalten. Welche Struktur besitzt ein Elektron? Keine. Wie Wheeler betont hat, können wir uns die Teilchen, die aus Materie zusammengesetzt sind, nicht als in Raum-Zeit befindlich vorstellen. In einer existentiellen Physik gibt es keine Existenzen – nur Essenzen. Die Partikel, die Materie beinhalten, werden nur wenig mehr als ein konzeptuelles Hilfsmittel: Elektronen werden in dieselbe Kategorie von Wirklichkeit eingeordnet wie die Punkte auf einer Linie. Im Paradigma der neuen Physik sind wir funktionelle Wesenheiten. Das gesamte Universum verlangt die gleiche pragmatische Gültigkeit wie die Geistwesen und die Astralebene. Partikel existieren, wenn sie als existierend konzipiert werden.

Transaktionen mit der Realität

Joseph Chilton Pearce geht von einem ähnlichen Standpunkt aus. Seiner Meinung nach »rufen« Spiritisten »Geister herbei«. Sie empfangen »Beweismaterial«, um die Realität solcher Wesenheiten zu untermauern. Ein erstklassiges Fallbeispiel ist das Medium Arthur Ford, das den toten Sohn von James Pike herbeirief. Die »Information« ist »da«, aber wie Pearce sehr weise fragt, wo ist »da«? Er gelangte zu der Schlußfolgerung: »Das ›da‹ liegt im Akt selbst, in der besonderen Art von Transaktion mit der Realität, der Art von intellektueller Interaktion mit der Möglichkeit. Ihre Handlungen und Interaktionen können das Material ›des Sohnes hervorgerufen‹ haben, so wie ein Tibeter eine Tulpa oder Don Juan den Geist am Wasserloch erschafft. Wenn diese Art von Transaktionen vorüber ist, ist auch das Ereignis vorbei. Ein normaler Wanderer, der an dem Wasserloch vorbeikommt, nimmt keine Geister wahr, da er in keiner Interaktion mit dieser Realität steht.«[62]

Geistwesen befinden sich in der Grauzone zwischen »verstorbenen Seelen« und »abgespaltenen Persönlichkeiten«, da sie im wesentlichen beides sind. Die realitätsstrukturierende Instanz des Geistes des Mediums erschafft die Wesenheit, aber gleichzeitig auch die gesamte Transaktion, die wir auf das physische Universum beziehen. Geistwesen werden in dem Maße wirklich, wie wir an sie glauben. Das »da« ist tatsächlich der Akt selbst. Das »da« der mystischen Realität von Black Elk liegt in der Handlung. Das »da« von Monroes »Ort II« liegt im Akt selbst. Und das »da« des gesamten Materie-Raum-Zeit-Kontinuums liegt im Akt selbst. Wie John A. Wheeler es sieht, ist der vitale Akt der Akt der Teilnahme – die Transaktion, die wir die sich gegenseitig durchdringenden Universen nennen.

Die Spielregeln unterscheiden sich sehr stark von den Regeln, die wir kennen – so wie wir gelernt haben, diese Regeln zu verstehen. Bei dieser Erkenntnis muß man sehr vorsichtig sein. Wie Pearce meint, werden die Konstruktionen unserer Realität zu einer Art kosmischem Ei, das uns vor der Willkür unserer Regeln schützt. Wenn beispielsweise 70 000 Zeugen das Wunder von Fátima sahen, hatten sie bestimmte Regeln für sich selbst aufgestellt. Eine dieser Regeln war, daß die heilige Jungfrau existiert. Und an dieser Regel oder jeder anderen Regel kann nichts verkehrt sein. Für die Zeugen in Fátima wurde die heilige Jungfrau ein Teil ihres kosmischen Eies. Die Erkenntnis, daß alle Regeln oder kosmischen Eier wie Schrödingers Katze sind – nämlich, daß ihre Realität von dem Glauben an sie abhängt –, sollte uns nicht unbedingt dazu bringen, sie aufzugeben. Wenn 70 000 Zeugen in Fátima an die heilige Jungfrau glauben wollten, sollten sie unter allen Umständen weiterhin an die heilige Jungfrau glauben. Wie die Vajrayana-Yogins, die erkennen, daß alle Götter und Göttinnen vom Geist erschaffen werden, sollten sie sich durch diese Erkenntnis nicht dazu gezwungen fühlen, irgendein kosmisches Ei zu verwerfen. Seit der Dämmerung des menschlichen Bewußtseins haben wir uns selbst gelehrt, nach dem richtigen kosmischen Ei zu suchen. Das Mißverständnis, das diese Suche beinhaltet, besteht in der Annahme, daß es nur ein richtiges kosmisches Ei gibt.

In der neuen Kosmologie sollten wir akzeptieren lernen, daß alle kosmischen Eier richtig sind, besonders diejenigen, die wir selbst ausgewählt haben. Wenn unser kosmisches Ei Sprünge aufweist, ist unsere normale Reaktion darauf eine Art emotionaler Bankrott. Das ist unnötig. Sprünge in unserem kosmischen Ei sind kein Anzeichen dafür, daß es falsch ist. Der Zweck des Spiels besteht nicht darin, das richtige kosmische Ei zu erlangen, sondern ganz einfach darin, von einem kosmischen Ei zu anderen überzugehen (ungeachtet dessen, wie lange wir bei einem von ihnen verweilen wollen), ohne emotionalen Bankrott zu erleiden. Der Zweck ist nicht das Erreichen des Ziels, sondern der Prozeß, der Akt.

Wie uns die Vajrayana-Texte lehren, ist kein kosmisches Ei besser als ein anderes. Alle Werte werden im Geist erschaffen. Um den emotionalen Bankrott zu vermeiden, müssen wir den Standpunkt des Vajrayana-Yogins einnehmen und weder an irgendwelche Regeln glauben noch nicht an sie glauben. Dies ist der Weg zur Gnade, ins Nirwana. Im Tantra muß man, um ins Nirwana zu gelangen, sich als erstes der Leere und Nichtleere der Realität bewußt werden. So wie der Quantenphysiker davon Abstand nehmen muß zu beantworten, ob Schrödingers Katze lebendig oder tot ist, muß der Buddhist alle Urteile bezüglich der Realität aufgeben. Daher ist die Realität sowohl leer als auch nicht leer. Indem der Vajrayana-Buddhist dies erkennt, versucht er, den realitätsstrukturierenden Mechanismus des menschlichen Bewußtseins zu kontrollieren – den Mechanismus, der die Unendlichkeit der Universen erschafft, die wir erfahren könnten.[12]

Wenn wir diese Kontrolle erlangt haben, befinden wir uns wahrhaftig an einer unglaublichen Schwelle. Wie Sri Aurobindo es ausdrückt: »Allmächtige Kräfte sind in den Zellen der Natur eingeschlossen.«[7] Seit undenklichen Zeiten war es die Rolle der Mystiker, darauf hinzuweisen. Sri Aurobindo lehrt uns, daß wir nach und nach erkennen werden, daß Schlaf, Nahrung, Schwerkraft, Ursachen und Wirkungen – die ganzen sogenannten Gesetze der Natur – nur in dem Maße Gesetze für uns sind, wie wir an sie glauben. Sie sind wie die Rillen auf einer Schallplatte, eine Unendlichkeit von sich gegenseitig durchdringenden Universen. Wenn man sein Bewußtsein verändert, verändert sich auch die Rille. Wie Sri Aurobindo sagt, sind unsere Gesetze nur unsere »Gewohnheiten«.[69]

Das Spiel des Tlön

Welche Veränderungen könnte eine so gewaltige Transformation unserer Weltsicht hervorrufen? In seiner Kurzgeschichte *Tlön, Ugbar, Orbis Tertius* beschreibt Jorge Luis Borges eine mythische Gesellschaft, bekannt als Tlön, die sich das gesamte Universum als nichts anderes als eine Aufeinanderfolge von mentalen Prozessen vorstellt. In Tlön wird »Gedanke« als perfektes Synonym für den Kosmos betrachtet, und daher ist die Psychologie die Hauptdisziplin. Daraus könnte man ableiten, daß es in Tlön keine Wissenschaft gibt, schreibt Borges. Wenn der Geist alle Gesetze der Natur erschafft, wie kann es dann irgendein anderes Studium als die Psychologie geben? Dies ist jedoch nicht der Fall. Wie Borges erklärt: »Das Paradox ist, daß es unzählige Wissenschaften gibt. In der Philosophie geschieht dasselbe ... die Tatsache, daß irgendein philosophisches System von vorneherein als dialektisches Spiel gedacht ist, eine Philosophie des Als-ob, bedeutet, daß es Systeme im Überfluß gibt, unglaubliche Systeme, die in wunderbarer Weise aufgebaut oder von sensationeller Wirkung sind. Die Metaphysiker von Tlön suchen nicht nach der Wahrheit noch nach einer Annäherung an sie; sie suchen nach einer Art Verwunderung. Sie betrachten Metaphysik als einen Zweig der phantastischen Literatur.«[17]

Die Erkenntnisse von Tlön geben Anlaß zu der Vermutung, daß dasselbe durch die Konvergenz von Mystik und neuer Physik geschehen könnte. Unsere Suche nach einem kosmischen Ei wird uns nicht länger zur Wahrheit führen, sondern zu einer Art Verwunderung. Dies hat enorme Konsequenzen. Wenn wir beispielsweise herausfinden, daß unser Bewußtsein aufgrund einer Art tachyonischen Hintergrunds funktioniert, wie Sarfatti vermutet, was wird dann aus dem Studium der Geschichte? Gegenwärtig suchen unsere Historiker nach der einen, der wahren Vergangenheit. Aber wenn wir feststellen, daß die Realität unserer Vergangenheit zu derselben Kategorie zählt wie Schrödingers Katze und daß unser Geist tatsächlich an ihr teilnimmt, kann es keine weitere historische Forschung mehr geben, wie wir sie kennen. Statt dessen wird die Geschichte zu einer Art Spiel des Tlön. Eine wirklich übereinstimmende Gruppe von Menschen könnte sich sehr wohl zusammentun und entscheiden, welche Geschichte sie finden wollen, und dann darangehen, sie zu entdecken. Anstatt streng wissenschaftlich zu sein, könnte Geschichte ganz einfach zu einem weiteren Zweig der phantastischen Literatur werden.

In der Tat ist es vorstellbar, daß das Universum, so wie wir es kennen, nicht existiert. In der Einführung wurde ein Diagramm von Carl Jung und Wolfgang Pauli dargestellt, in dem die vier Hauptprinzipien abgebildet sind, welche die Struktur des Universums bestimmen *(Abbildung 1)*. In Jung und Paulis *Quaternio* beschäftigen sich die meisten unserer gegenwärtigen Gesetze der Physik mit drei Prinzipien – Energie, Raum-Zeit und Kausalität.[48] Das vierte Prinzip, die Synchronizität, können wir uns als diejenigen akausalen Phänomene vorstellen, welche die realitätsstrukturierenden Instanzen des menschlichen Bewußtseins erschaffen.

Im Augenblick scheint das »Universum«, an das wir glauben, eher kausal als synchron zu sein. Die synchronen Phänomene – wie sie Uri Geller und der Hohepriester der Tamilen demonstrieren – bilden nur eine kleine Minderheit. Aber wenn die Gesetze der ersten drei Prinzipien sich als abhängig vom Bewußtsein erweisen, können wir vermuten, daß eine langsame, aber kontinuierliche Veränderung der Achse von der Kausalität hin zur Synchronizität stattfindet. An irgendeinem Punkt in ferner Zukunft werden kausale Gesetze die Minderheit bilden. In einem solchen Universum würden Bewußtsein und die anderen drei Prinzipien als Synonym betrachtet werden, und, wie Satprem es ausdrückt: »Das große Gleichgewicht wird wiedergefunden werden.«[69]

In einem solchen »Universum« wäre der Gedanke der Schöpfer all dessen, was real ist. Der menschliche Geist hätte die Fähigkeit, mit der Leichtigkeit eines Don Juan oder eines tibetanischen Gomchen willentlich Tulpas zu produzieren. Tatsächlich könnten Menschenmassen wie die 70 000 Zeugen von Fátima mit der geeigneten Information völlig neue »Universen« erschaffen. Wie Don Juan beobachtet: »Die Dinge sind nur real nachdem man gelernt hat, ihrer Wirklichkeit zuzustimmen.«[22]

Realitätsenklaven

Wenn unsere bisherige Umwelt von der konstruktiven Wechselwirkung aller sich gegenseitig durchdringenden Universen abhängt, was wird dann geschehen, wenn wir aufhören, unserer einen geliebten Umwelt zuzustimmen? Sicherlich werden sich Individuen in verschiedenen Enklaven (mit ähnlichen kosmischen Eiern) zusammentun, um ihren Ort II oder ihre Sahasra-dal-Kansal zu entdecken. In der Tat werden die heiligen Jungfrauen, die UFOs, die Engel und all die visionären

Phänomene, die sich seit Anbeginn der Geschichte vor unseren Augen abgespielt haben, ganz einfach andere Realitätsenklaven sein, die unser Universum erschaffen. Unser Materie-Raum-Zeit-Kontinuum ist nichts anders als eine Blase im riesigen Ozean des Absoluten. Wir können uns selbst als allgegenwärtig im Raum und stabil in der Zeit erträumen, aber dieses kosmische Ei hat Sprünge. Jenseits von ihm liegt ein anderes, plastischeres, leuchtenderes – und wir werden unerbittlich zu seiner Realisierung hingezogen.

Dies ist das Geheimnis aller großen mystischen Lehren. Die Botschaft wurde so lange mit Etiketten versehen, bis sie sinnlos und abgedroschen klang – nämlich, daß der Macht des Bewußtseins keine Grenzen gesetzt sind und daß jedes menschliche Wesen die Krone der Schöpfung ist. Die neue Kosmologie gibt uns Grund zur Vermutung, wie Gopi Krishna, daß die Menschheit »sich langsam auf einen vollendeten Bewußtseinszustand hin entwickelt, in den uns von den großen Sehern und Mystikern der Vergangenheit und Gegenwart flüchtige Einblicke gewährt worden sind«.[50]

Zeitweise befinden wir uns am Kausalitätsende des Spektrums, und unsere Augen werden immer noch von der einen Wirklichkeit festgehalten. Aber das Superhologramm von Materie-Raum-Zeit ist nur eines in der unendlichen Vielzahl von Möglichkeiten. Wir haben die Welt erträumt, und eines Tages wird sie womöglich vor unseren Augen dahinschmelzen und so halluzinatorisch werden wie die ersten Wahrnehmungen eines Kindes. Im Augenblick sind wir noch in unserer Struktur gefangen; in der Materie der physischen Welt; wie Satprem sagt: »... in dem schwarzen Ei, das uns in jeder Sekunde von allen Seiten zusammenpreßt, und es gibt nur einen Weg oder vielleicht auch zwei, ihm zu entkommen: zu schlafen (träumen, in Ekstase zu fallen, meditieren, aber alle Stadien des Schlafes, die höheren oder niederen Ebenen, die bewußteren oder unbewußteren, die göttlichen oder weniger göttlichen) oder zu sterben.«[50] Und nun gibt es noch eine dritte Möglichkeit – den Weg, den uns die Konvergenz von Mystik und neuer Physik eröffnet. Das heißt, daß wir ganz einfach aus unserem Traum erwachen.

Materie-Raum-Zeit als kosmisches Gehirn

Aber wessen Traum ist dies? Immer wieder wird das Modell vom Universum in der neuen Physik zu einer Art gigantischen kosmischen Gehirns. Die holographischen Eigenschaften des Bewußtseins weisen eine starke Ähnlichkeit mit den holographischen Eigenschaften von Raum-Zeit auf. Wie Harold Saxton Burr in einer Art einheitlicher Feldtheorie behauptet, scheinen die verschiedenen Felder in den Feldern in den Feldern, welche das Universum organisieren, eine Analogie in der biologischen Organisation von L-Feldern in lebenden Zellen zu besitzen.[20] David Finkelstein nimmt an, daß die Elementarteilchen, Bausteine oder »Urprozesse« der Materie in »chromosomenähnlichen Codesequenzen« angeordnet sind.[35] Jack Sarfatti weist darauf hin, daß die Wurmlochverbindungen des dreidimensionalen Raums jeden Teil des Universums direkt mit jedem anderen Teil verbinden wie das »Nervensystem eines kosmischen Gehirns«.[68]

In diesem kosmischen Gehirn breiten sich die Wege der Zeit aus wie die zwei ähnlichen Neuronen, welche die verschiedenen Teile des Gehirns miteinander verbinden *(Abbildung 19)*. Der Makrokosmos ist der Mikrokosmos. In einem Universum, in dem die lineare Zeitabfolge der illusorischen Vergangenheit und die illusorische Zukunft von nichts anderem als der konstruktiven Wechselwirkung aller möglichen Vergangenheiten und zukünftigen Zeiten abhängt, wird der menschliche Geist zum zentralen Angelpunkt. Er ist der Filtermechanismus – die Synapsen im Nervensystem des kosmischen Gehirns.

Wie Sir James Jeans beobachtet hat, ist das Universum ein großer Gedanke, und wir könnten hinzufügen, die Substanz des großen Gedankens ist Bewußtsein. Sri Aurobindo sagt dazu: »Die Unwissenheit der Materie ist ein verschleiertes, ihr innewohnendes oder schlafwandelndes Bewußtsein, das alle latenten Kräfte des Weltgeistes enthält. In jedem Teilchen, Atom, Molekül und jeder Zelle der Materie lebt im verborgenen und wirkt unbewußt die ganze Allwissenheit des Ewigen und die Allmächtigkeit des Unendlichen.«[5] Evan

Abbildung 19

Harris Walker stimmt mit dieser Meinung überein, wenn er feststellt, daß das Verhalten von Elementarteilchen von einer bewußten Kraft bestimmt zu sein scheint. Wie Walker es formuliert: »Bewußtsein kann mit allen quantenmechanischen Prozessen verbunden sein.« Er fährt fort: »Da alles, was geschieht, letztendlich die Folge eines oder mehrerer quantenmechanischer Ereignisse ist, wird das Universum tatsächlich von einer fast unbegrenzten Anzahl von ziemlich zurückhaltenden bewußten, gewöhnlich nicht denkenden Wesenheiten ›bewohnt‹, die für die detaillierte Funktion des Universums verantwortlich sind. Diese bewußten Wesenheiten bestimmen (oder existieren gleichzeitig mit der Bestimmung) einzig und allein das Ergebnis eines jeden quantenmechanischen Ereignisses, während Schrödingers Gleichung (in dem Maße, wie sie genau ist) die physikalische Grenze beschreibt, die ihrer Handlungsfreiheit kollektiv gesetzt ist.«[77]

Und was ist der Zweck dieses Traums? Nichts oder alles, abhängig vom jeweiligen Bewußtsein. In der tantrischen Überlieferung wird Jung und Paulis Quaternio durch eine Triade von Prinzipien ersetzt: Cit, Sat und Ananda oder Bewußtsein, Sein und Gnade. Diese sind die Substanz des Traums – und sein Zweck. Wie Bob Toben es ausdrückt: »Raum-Zeit ist nur deshalb vorhanden, um etwas zu tun zu haben.«[66] Wir tanzen den Tanz. Wir spielen das Spiel, denn die Freude liegt in der Veränderung, dem Prozeß, und nicht in dem Erreichen eines Ziels. Mit den Worten der Taittiriya-Upanischade: »Aus der Freude sind all diese Wesen geboren, durch die Freude existieren und wachsen sie, und in die Freude kehren sie zurück.«

Die Konvergenz von Mystik und neuer Physik hat uns eine Tür zu unserem Menschsein geöffnet. Jenseits davon befindet sich etwas, das buchstäblich jenseits unserer Sprache liegt. Mit den Worten von Satprem: »Wir befinden uns am Anfang des ›Gewaltigen‹, das immer gewaltiger wird. Die Pioniere der Evolution haben bereits andere Stufen im Supergeist gefunden, das ewige Werden bekommt eine neue Wende. Auf jeder Stufe, die wir erklommen haben, verändert sich alles, findet eine Umkehr des Bewußtseins statt, taucht ein neuer Himmel, eine neue Erde auf; die physische Welt wird sich bald vor unseren ungläubigen Augen verändern. Und dies ist vielleicht nicht die erste Veränderung in der Menschheitsgeschichte, denn wie viele müssen vor uns bereits stattgefunden haben? Wie viele könnten sogar zu unseren Lebzeiten stattfinden, wenn wir uns nur darin einigen könnten, bewußt zu werden?«[69]

Das »kindhafte Lachen der Unendlichkeit«

Es gibt eine tibetanische Legende über König Gesar von Ling, der mit großer Leichtigkeit Tulpas erschaffen konnte. Er konnte sich selbst in Hunderte von Pferden, Dienern, Lamas, Kaufleuten, Phantomzelten und Karawanen multiplizieren, nur aus der reinen Freude an der Erfahrung all dieser Formen heraus. Dies ist das Geheimnis des kosmischen Versteckspiels. Das Bewußtsein, das hinter dem Universum steht, träumt uns, 10 Billionen Phantasmagorien in einem Kaleidoskop von Gedanken. Und in uns selbst werden wir uns zunehmend anderer Universen, Welten und Wesenheiten bewußt, die wir erträumen. Denn das Absolute ist ein Traum in einem Traum in einem Traum, der keinen Anfang und kein Ende hat. Um es mit den Worten von Sri Aurobindo zu sagen: »Aber was nach alledem ist das scheinbare Geheimnis hinter der Erscheinung? Wir können erkennen, daß es das Bewußtsein ist, das vergessen hat, zu sich selbst zurückzukehren, das aus seiner gigantischen Selbstvergessenheit auftaucht, schmerzvoll, als ein Leben, das empfindungsfähig ist, um mehr als empfindend zu sein, um sich wieder göttlich seiner selbst bewußt, frei, unendlich und unsterblich zu sein.«(6)

Das ist das Geheimnis. Jedesmal, wenn sich das Kaleidoskop in unserem Kopf dreht, sehen wir ein Universum, das neu und unerwartet ist. Wir reisen durch die Welten auf der Suche nach etwas, das für immer und ewig in uns liegt; das »kindhafte Lachen des Unendlichen«, die ewige Freude des Spielers. Unsere Evolution ist noch an keinem Ziel angelangt. Sie beschreibt keinen absurden Kreislauf, sondern sie ist ein Abenteuer im Bewußtsein. Die große Gnade taucht fortwährend auf. Wenn wir unsere unendliche Fähigkeit zu erfahren ganz einfach erkennen, wird sich der tausendblättrige Lotus vor unseren Augen entfalten. Und eines Tages, wie Bob Toben so schön sagt: »... werden wir nicht mehr aufhören zu lächeln. Wenn wir gehen, werden wir fließen. Und Licht wird aus unseren Augen strahlen.«(68)

Sie träumen, daß Sie sich auf einer von der Sonne beschienenen Wiese befinden. Sie sind ein Kind, und soweit Ihr Auge reicht, sehen Sie Tausende von anderen Kindern, die spielen, laufen und springen. Einige Kinder tragen farbige Seidenfahnen bei sich, andere Musikinstrumente, und wieder andere fassen sich an den Händen und bilden einen Kreis in Kreisen in Kreisen. Sie sind eifersüchtig auf diejenigen, die glücklicher als Sie zu sein scheinen, aber dann lachen Sie und erkennen, wie dumm das ist. Sie erinnern sich, daß es Ihr Traum ist und jedes der Kinder Sie selbst sind.

EINE SCHLUSSBEMERKUNG ZUR SPRACHE

Zen-Rätsel

Antworten auf metaphysische Fragen können einen fast verrückt machen. Jeder, der schon einmal versucht hat, ein Zen-Rätsel zu lösen, kennt diese Frustration. Immer wieder scheint die »Antwort« da zu sein, aber man kann sie nicht finden. Es ist, als wäre sie in dem semantischen Hokuspokus verlorengegangen. Die Weisheit der alten Lehren versteckt sich hinter der kosmischen Zweideutigkeit, und alles, was uns davor bewahrt, unsere Hände über dem Kopf zusammenzuschlagen, ist das Versprechen, daß die »Antwort« da ist, aber ganz einfach nicht in Worte gefaßt werden kann.

Man ist versucht, den siebten Vorschlag aus Wittgensteins *Tractatus Logico-Philosophicus* zu beachten: »Über was wir nicht sprechen können, darüber sollten wir schweigen.« Aber wir schweigen nicht und werden es niemals. Dies ist nicht einfach ein Dilemma der Metaphysik, sondern ein Kriterium des Bewußtseins. Der Geist ist ein unendlicher Raum.

Der Grund dafür, warum wir schweigen sollten, ist ganz einfach. Wir sind über das Zen-Rätsel frustriert, da es keine Information beinhaltet. Es ist wie Schrödingers Wellenfunktion. Nehmen Sie beispielsweise das Zen-Rätsel: »Ist Gott tot? Wenn Sie auf diese Frage mit Ja oder Nein antworten, verlieren Sie Ihre Buddha-Natur.« Ein solcher Ratschlag enthält keine Information. Er ist im kosmischen Sinne zweideutig und stellt eine Ja-und-Nein-Logik dar, ähnlich der Everett-Wheeler-Interpretation der Quantenphysik. Ist Schrödingers Katze lebendig oder tot? Wenn Sie mit Ja oder Nein antworten, verlieren Sie Ihre Buddha-Natur. Unsere Institution ist schwer getroffen, wir erhalten keine Information, aber schweigen ist nicht unbedingt die Antwort. Der wahre Wert des Zen-Sprichwortes und die Antwort auf die metaphysische Frage liegt nicht in der Information, die zu liefern sie vorgeben, sondern in der Wirkung, die sie in unserem Bewußtsein hervorrufen.

Unterscheidung ist der Sinn

Aus der Konvergenz von Mystik und neuer Physik kann man zwei interessante Dinge lernen. Das erste ist, daß die letztendliche Natur der Realität die Sprache transzendiert. Die Paradoxien, auf die man in der neuen Physik stößt, zeigen dies immer wieder. Die Komplementarität von Welle bzw. Teilchen, die Ja-und-Nein-Logik des Quantenprinzips, die jenseits von real und irreal liegende Natur der sich gegenseitig durchdringenden Universen – all das transzendiert die begrenzten Dualitäten unserer Sprache.

Dies ist der Grund, warum unsere Sprache auf Unterscheidungen basiert. Eine kleine Geschichte über Yungchia und Huineng, den sechsten Patriarchen im Zen-Buddhismus, stellt dies in wunderbarer Weise dar. Die beiden führen ein Gespräch, in dem Yungchia bemerkt: »Geburt und Tod ist ein Problem von großer Bedeutung; alles verändert sich unaufhörlich.« »Warum sollte man die Unbeständigkeit nicht mit einschließen und das Problem auf diese Weise lösen?« antwortet Huineng. »Dies einzuschließen bedeutet, ungeboren und unsterblich zu sein«, fährt Yungchia fort, »es zu lösen bedeutet, zeitlos zu sein.« »Das ist so, das ist so«, räumte der Patriarch ein. »Bist du nicht ein wenig in Eile?« Yungchia dachte einen Augenblick lang nach, und dann erwiderte er: »Bewegung hat keine wirkliche Existenz, wie kann es daher etwas geben wie ›Eile‹?« »Wer weiß, daß Bewegung nicht real ist?« konterte der Patriarch. »Du selbst machst Unterscheidungen, indem du eine solche Frage stellst. Du hast das Nichtgeborensein hervorragend begriffen« Aber Yungchia bemerkte: »Hat der Ausdruck ›nicht geboren sein‹ überhaupt irgendeine Bedeutung?« »Wenn er keine Bedeutung hätte, wie könnte ihn irgend jemand unterscheiden?« fragte der Patriarch. »Unterscheidung ist der Sinn!« rief Yungchia aus. »Wirklich sehr gut!« meinte der Patriarch.

In Worten denken – ohne Worte denken

Wenn der Physiker die ununterscheidbare Natur der Elektronen entdeckt, wird diese Erkenntnis schmerzlich offenkundig. Zwei Elektronen können entweder als »gleich« oder als »unterschiedlich« bezeichnet werden, und keines der beiden Worte beinhaltet mehr Information über das Phänomen des Elektrons als das andere. Unterscheidung ist der Sinn. Wenn man zwischen zwei Elektronen nicht unterscheiden kann, haben die Worte, die ihrer Unterschiedlichkeit zugeschrieben werden, keine Bedeutung mehr.

Wir geben vor, unsere Worte an unseren Wahrnehmungen festzumachen. Wenn wir daher auf ein Phänomen stoßen, bei dem unsere Wahrnehmungen nicht unterscheiden können, haben wir das Gefühl, daß unsere Worte ihre bisher gültige Bedeutung verlieren. Die Wahrheit liegt natürlich darin, daß Worte keine Bedeutung oder Information besitzen, mit der wir beginnen können. Alle Information befindet sich im Kopf. Wie John Brockman sagt: »Was ist die Information, die wir aus einer elektrischen Glühbirne beziehen? Keine Information. Was ist die Information, die wir aus einem Buch beziehen? Keine Information. Wenn wir von einem Austausch sprechen, wie der Austausch von Information, beinhaltet dies, daß irgendwo ein Empfänger ist, der in angemessener Weise auf den Austausch reagiert. Beschäftigen Sie sich nur mit den Veränderungen in den Handlungen des Empfängers, dem Gehirn, in Hinsicht auf die Gegenwart der Transaktion. Verwechseln Sie Information nicht mit Signalen oder der Quelle der Signale. Der Geist des Beobachters/Teilnehmers ist dort, wo die Information erzeugt wird mit Hilfe und durch seine eigenen kognitiven und logischen Prozesse, sein eigenes Metaprogramm der Prioritäten unter Programmen. Sein eigener riesiger, innerer Computer erzeugt Informationen aus Signalen und gespeicherten Signalen. Information ist ein Prozeß. Es gibt keine Informationsquellen; es gibt keine linearen Bewegungen der Informationen zum Gehirn.«[18]

Wenn wir uns daher noch einmal das Zen-Rätsel betrachten, können wir keine Kritik daran üben, daß es keine Information übermittelt, da Worte niemals Informationsträger sind. Der Zweck des Zen-Sprichwortes besteht darin, den Geist des Lesers zu fesseln und aus dem gewohnten Metaprogramm seiner Denkweise zu reißen. Wenn wir dies erkennen, beginnen die Paradoxien und Widersprüche in dem Zen-Sprichwort tatsächlich, eine verblüffende und bedeutungsschwere Aussage über die Natur des symbolischen Denkens zu machen. Wiederum scheinen sie Informationen zu übermitteln. Aber lassen wir uns nicht zum Narren halten. Unser Geist hat diese kleinen Wahrnehmungsgestalten, die wir Worte nennen, erfunden und sich eine Möglichkeit ausgedacht, die Illusion zu erschaffen, daß sie eine Bedeutung besitzen. Aber es gibt keine Bedeutung, nur Unterscheidungsfähigkeit.

Aber wir sind immer noch mit dem ersten Problem konfrontiert, nämlich, daß wir sowohl in der Mystik als auch in der neuen Physik die Grenzen unserer Sprache erreicht haben. Wie Heisenberg es ausdrückte: »Die Probleme der Sprache sind hier wirklich sehr ernst. Wir möchten in irgendeiner Art und Weise über die Struktur der Atome sprechen ... aber wir können über Atome nicht in der normalen Sprache sprechen.« Die Mystiker wissen dies seit langem. Robert Sohl und Audrey Carr schreiben in ihrem Buch *Games Zen Masters Play:* »Die unteilbare Natur der Realität mit den Differenzierungen und konzeptuellen Schubladen der Sprache zu verwechseln ist die grundlegende Ignoranz, von der uns Zen befreien möchte. Die letzten Antworten auf die Existenz können nicht in intellektuellen Konzepten und Philosophien gefunden werden, auch wenn diese noch so ausgeklügelt sind, sondern vielmehr auf einer Ebene der direkten, nicht konzeptuellen Erfahrung, die niemals auf die dualistische Natur der Sprache reduziert werden kann.«[15]

Dies ist in der Tat das Problem, und es führt uns zum zweiten Punkt. Wenn wir die Grenzen unserer Sprache erreicht haben, gibt es dann Denkungsarten jenseits der Sprache, die wir benutzen können, um die angeblichen »letzten Antworten« auf die Existenz zu entdecken? Die Mystiker sagen ja.

John Lilly vermutet, daß wir unsere Sprechfähigkeiten erlangt haben, als wir unsere Großhirnrinde entwickelt haben. Es ist der mit hochentwickelter Software ausgestattete Computer, der die strukturell niedrigeren Ebenen des Nervensystems kontrolliert. In ihrem Buch *Philosophy in a New Key* bekräftigt Susanne K. Langer, daß die Gesamtheit der menschlichen Erfahrung vom Standpunkt der Entwicklung dieser Fähigkeiten aus betrachtet werden kann[52], was uns in eine ausgesprochen seltsame Lage bringt. Wir haben entdeckt, daß unsere Sprache unsere Erfahrung der »Realitäten«, auf die wir sowohl in der Mystik als auch in der neuen Physik stoßen, begrenzt; und doch bestimmen unsere linguistischen Denkweisen unser Leben. Wir erkennen nicht, daß außerhalb der begrenzten Ebene der Worte weite Bereiche von Bewußtseinserfahrung liegen, die wir vor uns selbst leugnen. Wir sind kulturell darauf konditioniert, mit Worten zu denken.

»Das Wissen des Körpers«

Aber es gibt andere Denkungsweisen. Joseph Chilton Pearce sagt: »... unsere biologische Entwicklung läßt uns im ›gegebenen Zustand‹ Möglichkeiten offen, trotz unserer kulturellen Konditionierung. Selbst wenn wir uns in eine aus Worten geschaffene Welt begrenzen, durchbricht eine Funktion unseres Intellekts diese Grenze und hält uns Möglichkeiten offen. Diese ›Möglichkeiten‹ liegen nicht so sehr in unserem Kopf, sondern in dem, was Don Juan ›das Wissen des Körpers‹ nennt.«[62]

Eine ähnliche Aussage macht Karl H. Pribram, der glaubt, daß das Denken zusätzlich zu Zeichen- und Symbolmanipulation eine holographische Komponente besitzt. Wie er es sieht, sind Hologramme »Katalysatoren« des linguistischen Denkens. Obwohl sie unverändert bleiben, dringen sie in den Gedankenprozeß ein und erleichtern ihn, so Pribram.[65]

Es ist so, als ob wir uns auf einer langen Reise zur Wiederentdeckung der strukturell niedrigeren Anteile des menschlichen Nervensystems befänden. Es ist die Großhirnrinde, die uns unsere Sprechfähigkeiten verleiht, aber um die Realität jenseits unserer verbalen Konditionierung zu erfahren, müssen wir uns auf das Wissen des Körpers zurückbesinnen – die holographischen Anteile des Denkens, die buchstäblich jenseits von Worten liegen. Wie es im *Lied des Mahamudra* des tibetanischen Buddhisten Tilopa (988 bis 1069) heißt:

> Obwohl Worte gesprochen werden, um die Leere zu erklären,
> kann die Leere als solche niemals ausgedrückt werden.
> Obwohl wir sagen, »der Geist ist ein leuchtendes Licht«,
> liegt er jenseits aller Worte und Symbole.
> Obwohl der Geist im wesentlichen Leere ist,
> umfaßt und enthält er alle Dinge.[23]

Jenseits aller Worte und Symbole

Es gibt viele Wege, sich auf den nonverbalen Bereich zurückzubesinnen, und es ist nicht der Zweck dieses Buches, diese Wege aufzuzeigen. Alles, was man bedenken sollte, ist, daß der Zusammenfluß von Mystik und neuer Physik dargelegt hat, daß unsere Ebene des linguistischen Denkens eine sehr begrenzte Wohltat ist. Wie Langer betont, messen wir die Geschichte unserer Erfahrung im Hinblick auf ihre Evolution. Aber wir nähern uns einer Zeit, in der das linguistische Denken beginnt, unsere Evolution zu behindern. Wir müssen uns daran erinnern, wie uns die Mystiker sagen, daß Mahamudra das große Symbol jenseits aller Worte ist. So wie wir vielleicht unseren Augen beibringen können, das Tonal loszulassen, können wir unseren Geist vielleicht lehren, das Universum der Worte loszulassen. Denn es steht geschrieben: »Mahamudra ist wie ein Geist, der an nichts festhält. Wer dies praktiziert, wird mit der Zeit Buddhaschaft erreichen.«

GLOSSAR DER WISSENSCHAFTLICHEN BEGRIFFE

Algorithmus: Methodisches Rechenverfahren

Alphapartikel: Positiv geladenes Teilchen, das zwei Protonen und zwei Neutronen enthält

Allumfassend: Der Glaube, daß Bewußtsein und die physische Welt nicht getrennt sind, sondern eine fundamentale Arena des Bewußtseins bilden, die allumfassend ist, im Gegensatz zu subjektiv oder objektiv

Äther: Postulierte unsichtbare Substanz, die den Weltraum ausfüllt und als Medium für die Übermittlung von Lichtwellen und anderen Formen von Strahlenenergie dient

Biogravitation: Mutmaßliches Gravitationsfeld auf einem Raum von ungefähr 10^{-4} cm, das aus massiven Gravitonen zusammengesetzt ist, welche die teleologische Organisation des Lebens kontrollieren

Brownsche Bewegung: Konstante Zickzackbewegung des Teilchens in einer Flüssigkeit oder Gas

Depolarisieren: Die Polarisation zerstören oder ihr entgegenwirken

Determinismus: Die Vorstellung, daß alle Wirkungen durch absolute Ursachen erzeugt oder bestimmt werden

Diffraktion: Beugung von Wellen oder Teilchen

Entelechie: Hypothetisches biologisches Organisationsprinzip, das über und jenseits dem genetischen Muster des Lebens liegt

Euklidische Geometrie: Basisgeometrie, aufgestellt von Euklid, ca. 300 vor Christus

Feld: Raum, in dem elektrische, magnetische oder dynamische Kraftlinien aktiv sind

Geometrodynamik: Von John A. Wheeler ins Leben gerufener Zweig der Quantenphysik, in dem Materie als gänzlich aus Krümmung zusammengesetzt betrachtet wird; Erforschung der geometrischen Struktur des Raums

Gravitonen: Angenommene Wellen bzw. Teilchen der Schwerkraft

Halbwertzeit: Begriff aus der Atomphysik. Die Zeit, die für den Zerfall der Hälfte der Atome in einer Quantität von radioaktiver Substanz erforderlich ist

Hologramm: Dreidimensionales fotografisches Bild, das mit einem Laser entwickelt wird

Indeterminismus: Die Vorstellung, daß einige Wirkungen buchstäblich keine Ursachen haben

Irgendwo: Das »Etwas« oder der Bereich, der außerhalb des Lichtkegels existiert, jenseits von Raum-Zeit

Kausalität: Wechselseitige Beziehung oder Zusammenhang zwischen Ursache und Wirkung

Kognitive multidimensionale Projektionsräume: Von John A. Lilly postulierte Anteile des menschlichen Geistes, welche die gesamten inneren Realitäten in eine Synthese bringen können

Komplementarität: Eine von Niels Bohr vorgebrachte Theorie, nach der Teilchen in mikroskopischen Systemen sich gleichzeitig wie Wellen und Teilchen verhalten

Kontingent: Abhängig von statistischen Grenzwerten, die nicht absolut sind

Krümmung: Geometrische Eigenschaft des dreidimensionalen Raums

Kybernetik: Wissenschaft der Steuerungsvorgänge und der Kommunikation zwischen Maschinen, Tieren und Organisationen. Besondere Forschungsrichtung der gemeinsamen Prinzipien in der Funktion von Computern und menschlichem Nervensystem

L-Felder: Von Harold Saxton Burr angenommene dynamische Felder, die das Leben teleologisch organisieren

Lichtkegel: Bildhaftes Diagramm, das jeden Punkt im Raum als in der Zeit existierend abbildet, aber auch die Irgendwo-Religionen berücksichtigt, die buchstäblich jenseits von Raum-Zeit liegen

Metaprinzip: Prinzip, das über eine geschlossene Theorie über die »Gültigkeit« von Hypothesen hinausreicht

Metatheorem: Theorem oder Postulat, das über die Kenntnisse über ein System für die »Gültigkeit« von Hypothesen hinausgeht

Neutrino: Neutrales Teilchen, das kleiner ist als ein Neutron
Neutron: Subatomares Teilchen, das keine elektrische Ladung besitzt und eine Masse hat, die annähernd so groß ist wie die eines Protons
Operator: Eine bestimmte mathematische Funktion in der Quantentheorie, welche die Wellenfunktion eines Teilchens beeinflußt
Photon: Bezeichnung für das kleinste Energieteilchen einer elektromagnetischen Strahlung
Polarisation: Erzeugung oder Erlangen eines Zustandes, in dem magnetische Pole vorhanden sind (negative und positive)
Potentialdifferenz: Differenz im elektrischen Potential oder in der elektrischen Ladung
Proton: Subatomares Teilchen mit positiver elektrischer Ladung; eines der zwei Elementarbausteine des Atomkerns
Psychoenergetisch: Handlungen, die mit Energie vollbracht werden, die vom menschlichen Bewußtsein erzeugt wird
Psychokinetisch: Durch die Kraft des menschlichen Bewußtseins bewegt
Quant: Nicht weiter teilbares Energieteilchen
Quantenschaum: John A. Wheelers Vorstellung vom Raum, der aus mikroskopischen Blasen zusammengesetzt ist, die eine Art Schaumteppich bilden
Wechselseitige Verbundenheit der Quanten: Vorstellung, daß durch die Blasen im Quantenschaum alle Punkte im Raum und in der Zeit mit allen anderen Punkten im Raum und in der Zeit verbunden sind
Quantenmechanisch: Mit der Funktion oder Mechanik atomarer Systeme verbunden
Quantenphysik: Zweig der Physik, der sich mit dem Studium atomarer Systeme beschäftigt
Quantenpotential: Das verbindende Prinzip zwischen quantenmechanischen Vorgängen, das buchstäblich jenseits von Raum-Zeit existiert
Quantenprinzip: Die Ansicht, daß die Erklärungen der Quantentheorie außerhalb der Quantentheorie liegen
Quantenübergang: Jeder quantenmechanische Vorgang

Realitätsstrukturierendes Prinzip: Teil des menschlichen Bewußtseins, der Materie-Raum-Zeit beeinflußt

Retrokausal: Phänomen, bei dem die Wirkung zeitlich der Ursache vorausgeht

Schwarzes Loch: Falte im Gewebe der Raum-Zeit mit einem Gravitationsfeld, das so dicht ist, daß nicht einmal Licht daraus hervordringen kann

Selbstbezogenheitskosmologie: Die Theorie, daß das Universum letztendlich als ein ungeteiltes Ganzes existiert, in dem alle Teile gleichzeitig alle anderen Teile erschaffen und durch sie erschaffen werden

Superraum: John A. Wheelers Vorstellung, daß der Raum aus Quantenschaum und alle Materie im Universum aus dieser einen Ursubstanz besteht

Strukturierter Raum: Bildliches Diagramm, in dem ein Objekt sowohl zeitlich als auch in den drei Dimensionen des Raums abgebildet ist

Tachyon: Hypothetisches Teilchen, das schneller als Licht ist

Teilnehmer: Jemand, der einen Vorgang nicht nur beobachtet, sondern ihn durch den reinen Akt der Beobachtung verändert

Teleologie: Der Glaube, daß natürliche Phänomene nicht nur durch Ursachen, sondern durch ein übergeordnetes Muster oder Organisationsprinzip der Natur bestimmt werden

Vektor: Eine mathematische Größe, wie eine Kraft oder Geschwindigkeit, die eine Richtung und Größe besitzt; Linie, die eine solche Quantität darstellt

Virtuell: Etwas, das nur in seiner Wirkung oder Essenz existiert, aber nicht als Tatsache oder Faktum

Wellenfunktion: Abstrakte Linie oder Funktion im strukturierten Raum, die den physikalischen Zustand eines Systems darstellt

Weltlinie: Abstrakte Linie im strukturierten Raum, die ein System sowohl in seiner Position im dreidimensionalen Raum als auch in der Zeit darstellt

Winzige schwarze Löcher: Blasen im Quantenschaum von einem Durchmesser von 10^{-33} cm. Sie bilden den Eingang

eines Wurmlochs, in dem ein winziges weißes Loch den anderen Eingang bildet
Winzige weiße Löcher: Siehe winzige schwarze Löcher
Wurmlöcher: Löcher im Quantenschaum, die alle Bereiche in Raum-Zeit miteinander verbinden

Über den Autor

Michael Talbot promovierte im Jahre 1975 an der Universität Michigan. Er studierte Physik in zahlreichen Vorlesungen und betrieb nebenbei ein intensives Selbststudium. Sein ganzes Leben lang hat er sich mit dem Paranormalen beschäftigt und verschiedene Kurzgeschichten und Zeitungsartikel veröffentlicht. Augenblicklich wohnt er in New York.

Anmerkungen

(1) Zsolt Aradi, *The Book of Miracles*, Farrar, Straus and Cudahy: New York, 1956.
(2) Solomon E. Asch, »Opinions and Social Pressure«, *Scientific American,* vol. 193, no. 5.
(3) W. Ross Ashby, *Design for a Brain,* Wiley: New York, 1952.
(4) Michael Audi, *Quantum Mechanics,* University of Chicago Press: Chicago, 1973.
(5) Sri Aurobindo, *The Hour of God,* Sri Aurobindo Ashram Press: Pondicherry, 1959.
(6) –, »*The Life Divine*«, *Arya* (August 1914-January 1919), Sri Aurobindo Ashram Press: Pondicherry.
(7) –, *Savitri: A Legend and a Symbol,* Sri Aurobindo Ashram Press: Pondicherry, 1954.
(8) –, *The Synthesis of Yoga,* Sri Aurobindo Ashram Press: Pondicherry, 1948.
(9) Ludwig von Bertalanffy, *General Systems Theory,* George Braziller: New York, 1968.
(10) Olexa-Myron Bilaniuk and E. C. George Sudarshan, »More about Tachyons«, *Physics Today,* December 1969.
(11) –, »Particles Beyond the Light Barrier«, *Physics Today 22,* no. 5 (1969): 43.
(12) John Blofeld, *The Tantric Mysticism of Tibet,* E. P. Dutton: New York, 1970.
(13) –, *The Way of Power,* George Allen & Unwin: London, 1970.
(14) –, *The Zen Teaching of Hui Hai,* Rider: London, 1969.
(15) Blyth, R. H., *Games Zen Masters Play*, edited by Sohl, Robert and Carr, Audrey, New American Library: New York, 1976.
(16) D. Bohm and B. Hiley, »On the Intuitive Understanding of Non-Locality as Implied by Quantum Theory«, preprint February 1974, available from authors, University of London, Birkbeck College, Malet St., London. (As quoted in Jack Sarfatti, »Implications of Meta-Physics for Psychoenergetic Systems«, *Psychoenergetic Systems,* vol. 1, Gordon and Breach: London, 1974.)
(17) Jorge Luis Borges, *Ficciones,* Grove Press: New York, 1962.
(18) John Brockman, *Afterwords,* Anchor Books: New York, 1973.
(19) Jerome S. Bruner, *On Knowing, Essays for the Left Hand,* Belknap Press: Cambridge, 1962.
(20) Harold Saxton Burr, *The Fields of Life,* Ballantine Books: New York, 1972.
(21) Fritjof Capra, *The Tao of Physics,* Shambhala Publications: Berkeley, 1975.

(22) Carlos Castaneda, *Journey to Ixtlan,* Simon and Schuster: New York, 1972, and *Tales of Power,* Simon and Schuster: New York, 1974.

(23) Garma C. C. Chuang, *Teachings of Tibetan Yoga,* Citadel Press: Secaucus, N. J., 1974.

(24) Arthur C. Clarke, *Childhood's End,* Ballantine Books: New York, 1953.

(25) Olivier Costa de Beauregard, »Time in Relativity Theory: Arguments for a Philosophy of Being«, in J. T. Frazer, *The Voices of Time,* George Braziller: New York, 1966.

(26) P. L. Csonka, »Advanced Effects in Particle Physics, I«, *Physics Review* 180, no. 5 (1969).

(27) James T. Culbertson, *The Minds of Robots,* University of Illinois Press: Urbana, 1963.

(28) Alexandra David-Neel, *Magic and Mystery in Tibet,* Penguin: Baltimore, 1971.

(29) Stanley R. Dean, »Metapsychiatry: The Confluence of Psychiatry and Mysticism«, *Fields Within Fields,* no. 11 (Spring 1974): 3—11.

(30) B. S. DeWitt, »Quantum Mechanics and Reality«, *Physics Today* 23, no. 9 (1970): 30.

(31) –, »Quantum-Mechanics debate«, *Physics Today,* April 1971.

(32) Charles Eliot, *Japanese Buddhism,* Barnes & Noble: New York, 1969.

(33) W. Y. Evans-Wentz, *The Tibetan Book of the Great Liberation,* Oxford University Press: New York, 1954.

(34) Eyraud, Henri, »The Problem of the Infinite: Transfinite Numbers and Alephs«, in Le Lionnais, F., *Great Currents of Mathematical Thought,* Dover Publications: New York, 1971.

(35) David Finkelstein, »The Space-Time Code«, *»Physical Review«,* 5D, no. 12 (June 15, 1972): 2922.

(36) Keith Floyd, »Of Time and the Mind«, *Fields Within Fields,* no. 10 (Winter 1973—1974): 47—57.

(37) Heinz Von Foerster, »On Constructing a Reality«, in *Environmental Design Research,* F. E. Preiser (ed.), vol. 2, Dowden, Hutchinson & Ross: Stroudsburg, Pa., 1973.

(38) Vincent H. Gaddis, *Mysterious Fires and Lights,* Dell: New York, 1967.

(39) Adolf Grünbaum, *Philosophical Problems of Space and Time,* D. Reidel: Boston, 1973.

(40) Patrick A. Heelan, *Quantum Mechanics and Objectivity,* Martinus Nijhoff: The Hague, 1965.

(41) Werner Heisenberg, *Physics and Philosophy,* Harper Torchbooks: New York, 1958.

(42) Aniela Jaffé, *The Myth of Meaning,* Hodder and Stoughton: London, 1970.

(43) J. M. Jauch, *Are Quanta Real?* Indiana University Press: Bloomington, 1975.
(44) Sir James Jeans, *The Mysterious Universe,* E. P. Dutton, New York, 1932.
(45) –, *Physics and Philosophy,* University of Michigan Press: Ann Arbor Paperbacks, 1958.
(46) Carl G. Jung, *Flying Saucers,* Signet: New York, 1969.
(47) –, *Man and His Symbols,* Doubleday: New York, 1964.
(48) Carl Jung and Wolfgang Pauli, *The Interpretation of Nature and the Psyche,* Bollingen Series LI, Pantheon Books: New York, 1955.
(49) Arthur Koestler, *The Ghost in the Machine,* Henry Regnery: New York, 1967.
(50) Gopi Krishna, *The Biological Basis of Religion and Genius,* New York, 1972.
(51) –, *Kundalina: The Evolutionary Energy in Man,* Berkeley, 1971.
(52) Langer, Susan K., *Philosophy in a New Key,* Harvard University Press: Cambridge, 1942.
(53) Lawrence LeShan, *The Medium, The Mystic and the Physicist,* Viking Press: New York, 1974.
(54) John C. Lilly, *The Human Biocomputer,* Bantam Books: New York, 1972.
(55) Magoroh Maruyama and Arthur Harkins, *Cultures Beyond the Earth,* Vintage Books: New York, 1975.
(56) Robert A. Monroe, *Journeys out of the Body,* Anchor Books/Doubleday: New York, 1971.
(57) Charles Muses and Arthur M. Young, *Consciousness and Reality,* Outerbridge & Lazard: New York, 1972.
(58) John G. Neihardt, *Black Elk Speaks,* Pocket Books: New York, 1972.
(59) André Padoux, *Recherches sur la Symbolique et l'Énergie de la Parole dans Certains Textes Tantriques,* E. de. Médicis: Paris, 1963.
(60) Swami Panchadasi, *The Astral World,* 1921.
(61) Joseph Chilton Pearce, *The Crack in the Cosmic Egg,* Pocket Books: New York, 1973.
(62) –, *Exploring the Crack in the Cosmic Egg,* Julian Press: New York, 1974.
(63) Jean Piaget, *The Child and Reality,* Grossman: New York, 1972.
(64) S. Pratyagatmananda, *The Metaphysics of Physics,* Ganesh: Madras, India, 1964.
(65) Karl H. Pribram, *Languages of the Brain,* Prentice-Hall: Englewood Cliffs, N. J., 1971.
(66) Carl Sagan, *The Cosmic Connection,* Dell: New York, 1973.
(67) Jack Sarfatti, »Implications of Meta-Physics for Psychoenergetic Systems«, in *Psychoenergetic Systems,* vol. 1, Gordon and Breach: London, 1974.

(68) Jack Sarfatti and Bob Toben, *Space-Time and Beyond,* E. P. Dutton: New York, 1975.

(69) Satprem, *Sri Aurobindo or the Adventure of Consciousness,* Harper & Row: New York, 1968.

(70) As quoted in Edwin Schlossberg, *Einstein and Beckett,* Links Books: New York, 1973.

(71) J. R. Smythies, *Analysis of Perception,* Humanities: New York, 1956.

(72) D. T. Suzuki, *On Indian Mahayana Buddhism,* Harper & Row: New York, 1968.

(73) Michael Talbot, *A Mile to Midsummer,* work in progress.

(74) Paul Twitchell, *The Tiger's Fangs,* Lancer Books: New York, 1969.

(75) *Chuang Tzu,* trans. James Legge, arranged by Clae Waltham, Ace Books: New York, 1971.

(76) P. J. Van Heerden, *The Foundation of Empirical Knowledge,* N. V. Uitgeverij Wistik: Wassenaar, The Netherlands, 1968.

(77) Evan Harris Walker, »The Nature of Consciousness«, *Mathematical Biosciences 7* (1970): 138−197.

(78) Weyl, Hermann, *Space-Time-Matter,* Methuen: London, 1922.

(79) John A. Wheeler, »Superspace and the Nature of Quantum Geometrodynamics«, in C. DeWitt and J. A. Wheeler, *Batelle Rencontres, 1967 Lectures in Mathematics and Physics,* W. A. Benjamin: New York, 1968.

(80) John A. Wheeler with C. Misner and K. S. Thorne, *Gravitation,* Freeman: San Francisco, 1973.

(81) Alfred North Whitehead, *The Concept of Nature,* Macmillan: New York, 1925.

(82) –, *Science and the Modern World,* Free Press: New York, 1967.

(83) Sir Edmund Whittaker, *Space and Spirit,* Regnery: Hinsdale, Ill., 1948.

(84) Norbert Wiener, *God and Golem, Inc.,* M.I.T. Press: Cambridge, 1964.

(85) –, *The Human Use of Human Beings,* Avon Books: New York, 1967.

(86) E. P. Wigner, *Symmetries and Reflections,* Indiana University Press: Bloomington, 1967.

(87) John Wilson, »Film Literacy in Africa«, *Canadian Communications,* vol. I, no. 4 (Summer 1961).

(88) Sir John Woodroffe, *Mahamaya: The World as Power, Power as Consciousness,* Ganesh & Co.: Madras, India, 1964.

(89) –, *The Serpent Power,* Dover: New York, 1974.

(90) J. Zimmerman, »Time and Quantum Theory«, in J. T. Fraser, *The Voices of Time,* George Braziller: New York, 1966.

Literaturverzeichnis

Arias-Larreta, Abraham, *Pre-Columbian Masterpieces,* Indo-American Library: Kansas City, Missouri, 1967.
Bancroft, Hubert Howe, *The Native Races,* History Company: San Francisco, 1886.
Barnard, G. C., *Samuel Beckett: A New Approach,* Dodd, Mead: New York, 1970.
Barnett, Lincoln, *The Universe and Dr. Einstein,* Bantam Books: New York, 1968.
Beals, Carleton, *Stories Told by the Aztecs,* Abelard-Schuman: New York, 1970.
Becker, Ernest, *Angel in Armor,* George Braziller: New York, 1969.
–, *The Birth and Death of Meaning,* Free Press of Glencoe: New York, 1962.
–, *The Denial of Death,* Macmillan: New York, 1973.
Belinfante, F. J., *A Survey of Hidden Variable Theories,* Pergamon Press: New York, 1973.
Bergman, P. C., *The Riddle of Gravitation,* Charles Scribner's Sons: New York, 1968.
Berner, Jeff, *The Innerspace Project,* World Publishing: New York, 1972.
Bertalanffy, Ludwig von, *Robots, Men and Minds,* George Braziller: New York, 1967.
–, »The Theory of Open Systems in Physics and Biology«, *Science,* III (1950): 23–29.
Besant, Annie, *The Ancient Wisdom,* Theosophical Publishing House: Adyar, India, 1897.
Bohm, David, *Quantum Theory,* Prentice-Hall: Englewood Cliffs, N. J., 1951.
–, *The Special Theory of Relativity,* Benjamin: New York, 1965.
Bondi, H., *Assumption and Myth in Physical Theory,* Cambridge University Press: New York, 1967.
Burland, C. A., *The Gods of Mexico,* Eyre & Spottiswoode: London, 1967.
Carrington, Hereward, and Muldoon, Sylvan J., *The Projection of the Astral Body,* Samuel Weiser: New York, 1970.
Colodny, Robert G., *Paradigms & Paradoxes,* University of Pittsburgh Press: Pittsburgh, 1972.
Coomaraswamy, Ananda, *The Dance of Shiva,* Straus & Cudahy: New York, 1957.
Crookall, Robert, *The Mechanisms of Astral Projection,* Darshana International: Moradabad India, 1968.

Debergh, Joseph, and Sharkey, Don, *Our Lady of Beauraing,* Hanover House: New York, 1958.

DeWitt, Bryce S., and Graham, Neill, *The Many-Worlds Interpretation of Quantum Mechanics,* Princeton University Press: Princeton, N. J., 1973.

Duran, Fray Diego, *The Aztecs,* Orion Press: New York, 1964.

Einstein, Albert, *Essays in Science,* Philosophical Library: New York, 1934.

–, *The Evolution of Physics,* Simon and Schuster: New York, 1967.

–, *Ideas and Opinions,* Bonanza: New York, 1954.

–, *The Meaning of Relativity,* Princeton University Press: Princeton, N. J., 1970.

–, *Out of My Later Years,* Littlefield, Adams: Totowa, N. J., 1967.

–, *The World as I See It,* Philosophical Library: New York, 1949.

Eliade, Mircea, *Myth and Reality,* Harper & Row: New York, 1963.

Feynman, Richard, *The Character of Physical Law,* M.I.T. Press: Cambridge, 1965.

Gardner, Martin, ed., *Relativity for the Millions,* Macmillan Company: New York, 1962.

–, *Rudolf Carnap: Philosophical Foundations of Physics,* Basic Books: New York, 1966.

Gillett, H. M., *Famous Shrines of Our Lady,* Newman Press: Westminster, Md., 1952.

Heisenberg, W., *Physics and Beyond,* Harper & Row: New York, 1971.

Helle, Jean, *Miracles,* David McKay: New York, 1952.

Honoré, Pierre, *In Quest of the White God,* Lehrburger, Hutchinson: London, 1963.

Hume, Robert Ernest, *The Thirteen Principal Upanishads,* Oxford University Press: London, 1949.

Huxley, Aldous, *The Doors of Perception,* Chatto & Windus: London, 1960.

Irwin, Constance, *Fair Gods and Stone Faces,* St. Martin's Press: New York, 1963.

Jaffé, Aniela, *Apparitions and Precognition,* University Books: New York, 1963.

Jammer, Max, *Concepts of Force,* Harper & Row: New York, 1962.

Jung, Carl G., *The Collected Works of C. G. Jung,* Bollingen series XX, Pantheon Books: New York, 1959.

Kubler, George, *The Shape of Time,* Yale University Press: New Haven, 1962.

Kuznetsov, Boris, *Einstein,* Phaedra: New York, 1970.

Le Lionnais, F., *Great Currents of Mathematical Thought,* Dover: New York, 1971.

Leonard, George B., *The Transformation,* Delacorte Press: New York, 1972.

Lilly, John C., *The Center of the Cyclone,* Bantam Books: New York, 1972.

Mackenzie, Donald A., *Myths of Pre-Columbian America,* Gresham: London, 1924.

Maeterlinck, Maurice, *The Great Secret,* University Books: New York, 1969.

McLuhan, Marshall, *The Gutenberg Galaxy,* Signet: New York, 1962.

Muller, Herbert J., *Science and Criticism,* Yale University Press, New Haven 1943.

Munitz, Milton K., *Logic and Ontology,* New York University Press: New York, 1973.

O'Regan, Brendan, *Psychoenergetic Systems,* vol. 1, Gordon and Breach: London, 1974.

Progoff, Ira, *Jung's Psychology,* Doubleday Anchor: Garden City, N. Y., 1973.

Radhakrishnan, S., *The Principal Upanishads,* Harper & Row: New York, 1953.

Reichenbach, Hans, *The Theory of Relativity and a Priori Knowledge,* University of California: Los Angeles, 1965.

Roys, Ralph L., *The Book of Chilam Balam of Chumayel,* University of Oklahoma Press: Norman, 1967.

Shankaranarayanan, S., *The Great Cosmic Powers,* Dipti Publications: Pondicherry, India, 1972.

Sinnett, A. P., *The Mahatma Letters,* Theosophical Publishing House: Adyar, India, 1972.

Stallo, J. B., *The Concepts and Theories of Modern Physics,* Harvard University Press: Cambridge, 1960.

Thompson, William Irwin, *At the Edge of History,* Harper & Row: New York, 1971.

–, *Passages About Earth,* Perennial Library: New York, 1974.

Van Fraasen, Bas C., *An Introduction to the Philosophy of Time and Space,* Random House: New York, 1970.

Woodroffe, Sir John, *Hymn to Kali Karpuradi-Stotra,* Ganesh: Madras, India, 1953.

–, *Principles of Tantra,* Ganesh: Madras, India, 1969.

Young, J. Z., *Doubt and Certainty in Science,* Oxford University Press: New York, 1960.

Yourgrau, Wolfgang & Mandelstam, Stanley, *Variational Principles in Dynamics and Quantum Theory,* W. B. Saunders: Philadelphia, 1968.

Zimmerman, J., »The Macroscopic Nature of Space-Time«, *American Journal of Physics,* v. 30, no. 2, (1962).

REGISTER

Akasha 115
– -Theorie 114
Aleph
– -Null-Kardinalzahl 18
– -Punkt 18
– -Zahl 19
Anthropologie, außerirdische 105f
Asch, Solomon E. 124
Ashby, W. Ross 48
Audi, Michael 37
Aurobindo, Sri 150, 153, 155, 164, 168, 170

Bastin, Ted 45
Benjamin, W.A. 75
Berkeley, Bishop 11
Berkeley, Georg 81
Bertalanffy, Ludwig von 53
Bewußtseins
-ebenen 152ff
-modell, holographisches 55
Bilaniuk, Myron 93, 96
Bindu 113, 17
Biocomputer 22, 145–148, 152, 158
–, menschlicher 56
Biogravitationsfeld 63, 69
Biologie, moderne 54
Bioschwerkraft 63
Blofeld, John 16, 144, 148
Bohm, David 45, 51f, 60, 81, 83
Bohr, Niels Hendrik David 37, 72
Bolyai 14
Bootstrap 61, 63
– -Theorie 60
Borges, Jorge Luis 9, 40f, 99, 130, 164f
Brockman, John 174
Bruner, Jerome S. 130
Buddhakaya, Realität des 17
Burr, Harold Saxton 54f, 60, 115, 168

Cantor, Georg 18
Carr, Audrey 175
Castaneda, Carlos 127ff, 131, 133ff, 139f
Chakra 149f, 152
Chew, Geoffrey 61
Chöd 141f, 152
Chuang Tzu 73
Clarke, Arthur C. 45, 104f
Clifford, W.K. 77
Costa de Beauregard, Olivier 92

David-Neel, Alexandra 137, 140ff, 145f
Dean, Stanley R. 49
Demokrit 69
DeWitt, Bryce S. 42, 44, 100, 102
direkte Berührung 130
DNA-Code 54
Doppelspaltexperiment 29, 51, 60, 63, 93
Driesch, Hans 54

Einheit, strukturelle 160
Einstein, Albert 13, 15, 30f, 60, 63, 65, 72, 76, 88f, 92f
Eliot, Charles 61
Elizalde, Manuel jr. 105
Euklid 14f
Evans-Wentz, W.Y. 140
Everett, Hugh 17, 19, 40ff, 94
Everett-Wheeler
– -Interpretation 42f, 172
– -Metatheorem 17

Fátima 122, 131, 134, 146, 163
–, Wunder von 121f
Feldtheorie 168
Feuerläufer 66ff
Feynman, Richard 88, 94
Feynman-Dirac-Aktionsprinzip 94, 131
Figur-Hintergrund-Beziehung 59
Finkelstein, David 85
Fliegende Untertassen 122ff
Floyd, Keith 47f, 55, 58f, 98
Foerster, Heinz von 125f, 152
Form der Zeit 99
Fotografien 124

Galilei, Galileo 46
Gammastrahlenmikroskop 27
Geller, Uri 45, 166
Geometrie
–, dritte 15
–, euklidische 15
Gibbs, Willard 31
Grünbaum, Adolf 96

Hasfeld, John 45
Hatha-Yoga 137
Heisenberg, Werner 11, 13, 16, 26ff, 31, 37, 48, 71–74, 126, 175
Hiley, B. 51f, 60, 81, 83
Hindumystik 22
Hoffmann, E.T.A. 91
Hologramm 47, 57, 61, 63f, 84
– Superhologramm 85f, 152
holographisches
– Bewußtseinsmodell 55
– Feldmodell 49
– Organisationsmodell 48
Hui Hai 135
Hyperraum 105
Hyperzeit 106
Hypothalamus 58

Ishvara-Tattva 119

Ja-und-Nein-Logik 40
Jeans, James 11, 23, 82, 84, 168
Jung, Carl G. 20, 106f, 122, 128, 165, 169

Kardinalzahl »Aleph Null« 18
Kausalität 53
–, Mythos der 28ff
Koestler, Arthur 45, 49
Kopenhagener Kollaps 36
Kopernikus 46
Kosmologie 23
Krishna, Gopi 151f, 167
Kubler, George 99
Kundalini Shakti 117f
Kushog Wanchen 142f

Langer, Susanne K. 176f
Laplace, Pierre Simon Marquis de 28f
Laue, Max von 69
Lebensfelder 115
LeShan, Lawrence 129, 159ff
Leucippus 69
L-Felder 54f, 60, 168
Lichtgrenze 93
Lichtkegel 21
Lichtkugel 122ff, 127f, 132
Lilly, John C. 56f, 127, 145, 148, 158, 175
Lobachevski 14
LSD 152

Madhyamika, tibetanische 133
Massenhalluzination 122f
Materie-Raum-Zeit 127, 157, 167f
– -Matrix 22
Mechanismus, realitätsstrukturierter 22
Minkowski, Hermann 89f
Monroe, Robert A. 158
Muses, Charles 66, 84

Nada 113
Nagual 131ff, 139, 142, 147
Neihardt, John G. 156
Nervensystem, menschliches 149ff
Neumann, John von 34, 43
Newton, Sir Isaac 11, 13, 41, 53
Null-Realkoordinatenzeit 96

Oppenheimer, Julius Robert 110

Padoux, André 113
Panchadasi, Swami 159
Parmenides 11
Partygatmananda, Swami 114
Paul, Arthur 66f
Pauli, Wolfgang 20, 165, 169
Pearce, Joseph Chilton 131f, 134, 149, 162f
Phantasmagorie 138
Phantom-Affen 140f, 146
Photon 27, 45, 93
Piaget, Jean 124
Planck, Max 31, 74, 112
Poincaré, Henri 14f
Pribram, Karl H. 58, 176

Quanten 74ff
-mechanik 38–42, 85
-physik 53, 172
-potential 55, 63, 94
-prinzip 51ff
-schaum 77ff, 82, 114f
-sprung 44, 96

Quanten
-theorie 28f, 31–34, 37, 40, 42, 53, 71, 74, 82, 99, 110ff
-wechselverbundenheit 81
-verbundenheit im Universum 83ff
– -Vielkörpersystem 83
Quaternio 169
Quetzalcoatl-Prophezeiungen 105

Raum
–, Krümmung des 76f
Raum-Zeit 76, 79ff, 83, 85ff, 89f, 92ff, 96f, 102, 105, 108, 116, 118, 152, 157, 161, 166
– -Code 84ff
– -Materie 90
– -Schicht 102, 116
Regression, unendliche 34
Relativitätstheorie 15, 88f, 91f
Riemann, Georg 15
Rutherford, Ernest 69, 71

Sadasiva 119
Sadkhya-Tattva 119
Sagan, Carl 93, 116
Samyak-Sambodhi 135
Sarfatti, Jack 11, 40, 43ff, 62f, 78, 80, 82, 94, 96, 115, 118f, 121, 129
Satprem 109, 137, 149, 151, 170
Schopenhauer, Arthur 41
Schrödinger, Erwin 32, 34–37, 43
Schrödinger-Gleichung 42, 100f, 169
Schrödingers Katze 33, 38, 43f, 46, 102f, 110, 112, 128, 131f, 141, 147, 153, 164f, 172
Selbstbezogenheitskosmologien 39
Shakti 117, 143f
– -Tantra 135
Shiva 114f, 117, 143f
Smythies, J.R. 124
Sohl, Robert 175
Solvine, Maurice 72
Sprache 72
Sudarshan, E. George 93, 96
Suddha-Vidya-Tattva 119
Super-Hologramm 21f
Superraum 78, 118, 159
Suzuki, D.T. 87

Tachyonen 93, 104
-theorie 103
Tantra 22, 110ff, 114, 117, 139, 164
Teilnehmerprinzip 40
Teilnehmer-Metaprinzip 44
Teleologie 53
Thalamus 58
Tlön 164f
Toben, Bob 121, 169, 171
Tonal 131ff, 139, 141ff, 177
Ts'ui Pên 41f
Tulpa 140ff, 145
– -Dämon 141
Tum-mo 138, 143
– -Schüler 154
– -Technik 137
Twitchell, Paul 157

Unschärferelation 11, 16, 26f, 71, 74, 126

191

Vajrayana 146f, 163f
- -Buddhismus 145
- -Joga 146, 148
Van Heerden, Pieter 57
Viele-Welten
- -Hypothese 43, 99, 131
- -Interpretation 40 44
Vivekananda, S. 111

Walker, Evan Harris 50, 169
Welle/Teilchen-Dualität 79
Wellen-Schwingungs-Konzept 158
Weltlinie 91
Wescott, Roger W. 105f
Weyl, Hermann 25, 90
Wheeler, John A. 12, 14, 17, 19, 26, 39–43, 75, 77f, 85, 94, 96, 99, 113–116, 118f, 153, 159
Whitehead, Alfred North 10f, 14, 81
Whittaker, Edmund 77
Wiener, Norbert 17, 31
Wigner, Eugene 38f
Wilson, John 124f, 127

Wittgenstein, Ludwig Josef Johann 16, 48, 172
Wolf, Fred 94, 96
Woodroffe, John 113
Wurmlöcher 80ff, 116

Yoga 133
Yoga 141, 147–151
-übung 22
Young, Arthur 66

Zahlen, transfinitive 18
Zehn-Lehren des Hui Hai 16
Zeit 78
–, Form der 99
-symmetrie 100ff
Zen
- -Buddhismus 73, 173
- -Rätsel 172, 174
Zimmerman, E.J. 34, 87
Zirbeldrüse 58f
Zone mittlerer Dimensionen 69